마가복음

지은이   최   식
발행인   최   식
발행처   도서출판 CPS
펴낸날   2017. 9. 4
등 록   No. 112-90-27429
주 소   경기도 의왕시 포일세거리로 7 3층
전 화   031)421-1025
팩 스   031)421-1027
홈페이지 www.cpsbook.co.kr

ISBN 979-11-88482-00-9

값 20,000원

ⓒ 판권 저자 소유
이 책의 일부분이라도 저자의 허락 없이는 무단 복제할 수 없습니다.

CPS 관점설교 시리즈 10

마가복음

최 식 지음

CPS

프롤로그

현실적 삶에 복음의 능력이 나타나길

설교자로 산다는 것은 행복입니다.

하나님의 말씀 안에 숨겨진 비밀들을 찾아서 나누는 것은 설교자들에게만 주어진 특권입니다.

하지만 이 엄청난 특권과 선물 보따리를 들고 신음하는 설교자들이 적지 않습니다. 어떻게 선물 보따리를 풀어야 할지, 무엇부터 나누어주어야 할지 막막한 설교자들의 한숨이 오랜 시간 계속되고 있습니다.

설교자의 행복을 찾아주고 싶습니다.

관점설교는 하나님께서 주신 선물 보따리 성경을 마음껏 설교할 수 있는 길잡이입니다. 관점설교를 통하여 무엇을 전할 것인가와 어떻게 전할 것인가에 대한 설교자들의 고민이 해결될 수 있습니다.

이번에 출간된 CPS관점설교 시리즈 10번째 마가복음은 '우리 곁에 오신 예수님'이라는 관점을 중심으로 마가복음 전체를 특별한 논리적 구조(Frame)를 이용하여 설교로 만들었습니다.

각 본문마다 설교를 이끄는 핵심관점을 중심으로 청중들에게 문제의식(문제제기)을 갖게 함으로 설교를 들어야 할 이유를 제시했고, 하나님의 목적을 통하여 제기된 문제가 어떻게 해결 되는지를 보여주었습니다.

또한 본문의 핵심관점이 설교를 듣는 현 청중들의 현실적인 삶에 어떤 연관이 있는지를 진단하고 해결방향을 제시함으로 청중들의 삶을 구체적으로 적용하고 결단시켜서 변화를 이끌어냈습니다.

모쪼록 마가복음 관점설교를 통하여 우리 곁에 오신 예수님의 모습을 보여줌으로 복음의 능력이 나타나기를 소원합니다.

2017년 8월 CPS 설교학교에서
최 식 목사

목차

프롤로그

1부 | 마가복음 1~4장
복음의 시작 그리고 사람과의 만남

1. 복음 _ 10
2. 예수님의 세례 _ 15
3. 어부를 부르시다 _ 20
4. 귀신 들린 자 _ 25
5. 깨끗함을 받으라! _ 31
6. 네 죄 사함을 받았느니라! _ 37
7. 인생이 막힐 때 _ 43
8. 세리와 함께 _ 50
9. 안식일 _ 56
10. 성령 모독 죄 _ 65
11. 씨 뿌리는 비유 _ 72
12. 인생의 골든타임 _ 78

2부 | 마가복음 5~10장
사람들 속에서 복음을 보여주다

1. 바다에 버린 돈다발 _ 88
2. 두려움을 이겨라 _ 95
3. 고향 사람들 _ 102
4. 별난 여행 _ 108

THE GOSPEL OF MARK

5. 이상한 죽음 _ 116
6. 지금 놓치고 있는 것 _ 123
7. 장로들의 전통 _ 131
8. 수로보니게 여인 _ 137
9. 바리새인의 누룩 _ 144
10. 믿는 자에게는 _ 151
11. 착각 (1) _ 157
12. 바늘 구멍 _ 163
13. 착각 (2) _ 170
14. 무엇을 원하느냐 _ 176

■ **3부** | 마가복음 11~16장
복음, 삶이 되다

1. 주께서 쓰시겠다고 하라 _ 184
2. 말라버린 무화과나무 _ 190
3. 믿음 _ 197
4. 건축자들의 버린 돌 _ 203
5. 가이사의 것 _ 208
6. 사두개인들의 오해 _ 214
7. 예수님의 눈 _ 220
8. 환난 날 _ 226
9. 내 몸에 향유를 부어 _ 232
10. 이것으로 끝이다 _ 238
11. 복음을 전파하라 _ 244

"마가가 서두에서 복음이란 말을 꺼낸 분명한 의도가 있었습니다. 마가는 복음이란 말 안에 자신이 기록한 글에서 무엇을 이야기 할 것인가를 밝힌 것입니다."

1부
마가복음 1~4장

복음의 시작
그리고
사람과의 만남

THE GOSPEL OF MARK

1

복음 _ 막 1:1~8

🌱 본문 핵심 관점 | 복음

다른 복음서와는 다르게 마가는 첫머리부터 아주 강력한 메시지를 전달하려는 의지를 보이고 있습니다.

마가는 자신이 기록한 복음서에 대한 어떤 사전 설명도 하지 않고 마치 재판장이 판결을 선고하듯이 "하나님의 아들 예수 그리스도의 복음의 시작이라"는 강한 표현으로 시작합니다. 여기서 우리가 주목할 만한 부분은 "복음"이란 단어입니다.

설교를 이끄는 핵심

여기서 말하는 복음이란 무슨 말입니까?

마가가 첫머리부터 복음이란 말을 꺼낸 의도는 무엇일까요?

마가가 복음서를 기록할 그 당시 사람들은 "복음"이란 말을 어떻게 받아들였으며, 이 말을 얼마나 이해했을까요?

마가가 전하려는 복음은 무엇일까요?

우리가 알고 있는 복음이란 말과 마가가 전하려는 복음이란 말은 같은 의미일까요? 아니면 다른 의미일까요?

하나님의 목적으로 해결

마가가 서두에서 복음이란 말을 꺼낸 분명한 의도가 있었습니다. 마가는 복음이란 말 안에 자신이 기록한 글에서 무엇을 이야기 할 것인가를 밝힌 것입니다.

마가가 "복음"이란 말을 사용한 것은,
예수님께서 우리 곁에 오셨다는 사실을 가장 중요한 소식으로 알리려는 것입니다.

예수님께서 우리의 문제를 해결하시려고 우리 곁에 오셨다는 사실을 복음이란 말로써 증거하려는 것입니다. 마가에게 예수님은 복음이셨습니다. 예수님은 우리 인생이 만나야 할 최고의 소식임을 알리려는 의도입니다.

1. 예수님은 복음이십니다(1절)

예수님은 하나님의 아들이시며 그리스도(구원자), 메시야로 우리 곁에 오신 것이 복음입니다. 그래서 마가는 예수님께서 하나님의 아들 되심과 우리의 구주(그리스도)가 되심을 자신의 기록을 통하여 밝히려고 합니다. 예수님께서는 복음의 핵심입니다.

2. 예수님께서 복음이심을 증거하는 자가 있었습니다(2~3절).

그는 이사야의 글에 예언된 요한입니다. 요한은 예수님께서 우리 곁에 오셨음을 알리는 최초의 증거자였습니다. 그러므로 요한은 최초의 복음 증거자입니다. 예수님께서 우리 곁에 오셨음을 알리는 것이 복음 증거입니다.

3. 요한은 우리 곁에 오신 예수님을 소개했습니다(8절).

요한은 예수님께서 우리 곁에 오셔서 하실 일에 대하여 증거했습니다.

① 그분은 능력을 행하실 것이다.

예수님은 자신의 사역과는 비교도 할 수 없는 분으로 그분의 능력을 만인이 누리게 됨을 증거했습니다.

② 성령으로 세례를 베푸시리라.

예수님께서 성령을 부어주시는 특별한 일을 나타내실 것을 증거했습니다.

관점으로 청중 적용

사랑하는 여러분!

1. 우리 곁에 오신 예수님과 동행하고 있습니까?
예수님께서 오신 것이 진정 나에게 "복음", 기쁜 소식입니까? 혹시 지금 내 곁에 예수님이 아닌 다른 것들이 내 주변을 점령하고 있지는 않습니까?

지금 예수님은 내 곁에서 어떤 모습으로 계십니까?
지금 나는 내 곁에 계신 예수님과 어떻게 관계하고 있습니까?

2. 내 곁에 오신 예수님은 복음이십니다.
그분은 나를 위하여 내 곁으로 오셨습니다.
그분이 내 곁에 오셨기에 내가 살 수 있었습니다.
그분이 내 곁에 오신 것이 행복입니다.

1) 내 곁에 오신 예수님은 나를 구원할 목적으로 오셨습니다.
이것이 내 곁으로 오신 이유입니다. 병을 고치려고 오신 것이 아닙니다. 잘 먹고 살게 하려고 오신 것도 아닙니다. 나를 죄에서 건져내어 영생 얻게 하시려고 오셨습니다. 이 사실이 복음입니다.

2) 예수님께서 우리 곁으로 오셨음을 알리는 것이 복음입니다.
복음을 믿고 하나님의 자녀 된 자들의 공통된 사명은 복음을 알리는 일입니다.
마가도 이 사실을 알리려고 복음서를 기록했습니다.

요한은 이 사실을 알리려고 회개와 죄사함을 외치며 세례를 주었습니다.

우리도 이 사실을 알리기 위해서 각자 사명을 받았습니다. 그 사명에 충실한 것이 복음을 알리는 것입니다.

3) 하나님은 이 광야 같은 세상에 복음, 예수님을 외치는 자의 소리를 통하여 하나님의 백성들을 구원하고 계십니다.

청중 결단

우리 곁에 오신 예수님을 알립시다.
내 곁에서 역사하시는 예수님을 전합시다.

2
예수님의 세례 _ 막 1:9~11

🌿 **본문 핵심 관점 | 세례**

유대인들은 할례를 받음으로 자신들이 특별한 백성이라는 자부심을 갖고 살았습니다. 그런데 요한이 등장하면서 세례를 강조합니다. 이미 할례를 받은 유대인들에게 왜 세례가 필요합니까?

설교를 이끄는 관점

더 이해할 수 없는 것은 예수님마저도 요한의 세례에 동참하셨다는 사실입니다.
다른 사람들은 몰라도 예수님에게 왜 세례가 필요합니까?

4절을 보면 요한의 세례는 죄 사함을 받게 하는 회개의 세례라고 했습니다. 그렇다면 예수님께서도 죄 사함과 회개의 절차가 필요했다는 것인데 이것이 사실입니까?

요한은 예수님을 "자기보다 능력이 많으신 이"라고 소개했습니다. 그런데 어째서 자신보다 능력이 많으신 예수님께 세례를 베풀었습니까? 요한의 말이 앞뒤가 맞지 않습니다.
우리는 예수님께서 받으신 세례를 어떻게 받아들여야 합니까?

하나님의 목적으로 해결

요한의 증거대로 예수님은 요한이 감당할 수 있는 분이 아닙니다. 그럼에도 예수님께서 요한에게 세례를 받으신 것은 세례 받으심을 통하여 드러내려는 분명한 목적이 있었기 때문입니다.

세례는 죄 사함과 회개의 결과로 주어지는 증거입니다. 세례 자체가 죄 사함을 주거나 회개시키는 작용을 할 수 없습니다. 세례 전에 이미 죄 사함에 이르는 철저한 회개를 통하여 온전한 하나님의 자녀로 살겠다는 믿음의 의지를 가져야 합니다. 그런 자에게 세례를 통하여 이를 증거하고 그 믿음이 흔들리지 않도록 증표를 삼는 것입니다.

그렇다면 예수님의 세례는 무엇일까요?
예수님은 죄 사함과 회개의 결과로 세례를 받으신 것이 아닙니다. 예수님의 세례는 예수님이 누구신가를 공적으로 선포하시기 위한 절차였습니다.

※ 예수님은 세례의 절차를 통하여 예수님이 누구신가를 공적으로 선포하셨습니다.

1. 예수님의 세례는 요한의 주도가 아니었습니다.
하나님의 주도로 이루어졌고 세례의 결과도 하나님께서 선포하셨습니다.
예수님의 세례는 하나님께서 직접 주도하셨기에 요한의 세례를 받으신 것이 아닙니다.

2. 예수님의 세례로 삼위 하나님의 지지를 받으시는 공적 사역이 시작되었습니다(10절).
예수님의 세례는 삼위 하나님의 지지가 있는 아주 특별한 사역, 예수님의 공적 생애가 시작되었음을 알리시는 절차였습니다.

3. 예수님의 세례는 예수님이 누구신가를 공적으로 선포하는 절차였습니다(11절).
"너는 내 사랑하는 아들이라"
하나님께서 친히 예수님이 하나님의 아들로서 이 땅에 오신 메시야임을 선포해 주신 것입니다. 그러므로 예수님의 세례는 절차는 요한의 세례를 따랐지만 내용은 전혀 다른 세례임을 보여주었습니다.

관점으로 청중 적용

사랑하는 여러분!

1. 예수님의 모습에서 우리가 놓치지 말아야 할 것이 있습니다.

예수님은 요한보다 능력이 많은 하나님의 아들이셨습니다. 그럼에도 예수님께서 요한의 세례에 동참하셨다는 사실입니다. 얼마든지 예수님이 누구신지를 보여주고 하나님의 아들로서 세례에 참여하지 않아도 되셨습니다. 하지만 예수님은 요한의 세례에 스스로 자신을 낮추셨습니다.

우리는 어떻습니까?

아주 작은 권위나 권세를 가졌다고 사소한 절차나 질서를 무시하기 일쑤입니다. 자신의 권위나 명예를 앞장세우는 일이 너무도 많습니다. 만일 여러분에게 왕의 권세가 주어졌다면 그래도 요한의 세례에 고개를 숙일 수 있겠습니까?

예수님은 세례 절차에 순응하심으로 예수님의 존재(본질)를 보여주셨습니다.

2. 먼저 절차에 순응하십시오.

자신의 권위나 명예보다 절차에 고개를 숙이는 진실한 그리스도인의 모습을 보여주십시오! 질서와 절차가 무시된 권위는 존경받을 수 없습니다.

1) 예수님은 요한의 세례에 동참하시려고 갈릴리 나사렛에서 일부러 오셨습니다.

예수님은 절차를 지키는 일에 본이 되셨습니다. 스스로 자원하셨고 스스로를 낮추고 감추셨습니다. 만일 우리에게 합당하게 주어진 권세와 권위가 있다면 먼저 모든 절차에 본을 보이는 것이 진실한 믿음입니다.

2) 하나님은 스스로 낮추신 예수님을 친히 드러내셨습니다.

예수님을 따르는 일은 우리 자신을 낮추고 감추는 일입니다. 우리가 감추어도 드러내어야 할 자가 있다면 하나님께서 반드시 드러내십니다. 하지만 우리가 일부러 자신을 돋보이려 한다면 하나님은 우리에게 멀리 떨어져 계실 것입니다.

3) 하나님은 질서와 법을 세우시는 분입니다.

우리는 질서와 법을 준수함으로 예수님을 나타내는 삶을 살아야 합니다. 법과 질서가 무시된 곳은 하나님도 떠나십니다.

청중 결단

지금 내가 무시하고 있는 절차는 없는지 살펴봅시다.
요한의 세례에 스스로 낮아지신 예수님을 잊지 맙시다.

3
어부를 부르시다 _ 막 1:16~20

본문 핵심 관점 | 어부

하루는 예수님께서 갈릴리 해변을 지나셨습니다. 마침 시몬과 그 형제 안드레가 바다에 그물 던지는 것을 보셨습니다. 그들은 어부였습니다.

그들에게 다가가신 예수님은 그들이 하던 일을 멈추게 하신 후 다짜고짜 "나를 따라오너라. 내가 너희로 사람을 낚는 어부가 되게 하리라"고 하셨습니다(16절).

설교를 이끄는 관점

사람을 낚는 어부라니 이것이 무슨 말입니까?

어부는 바다에 나가서 물고기를 낚는 직업입니다. 이들은 아무에게도 사람을 낚는 어부란 말은 들어본 적이 없습니다. 어떻게 어부들이 사람을 낚는 일을 할 수 있단 말입니까?

사람을 낚는 어부란 말은 상당한 오해를 일으킬 수 있는 말입니다. 마치 누군가를 유인해서 잘못된 일을 하려는 수작으로 들릴 수 있기 때문입니다.

시몬과 안드레는 고기 낚던 일을 버리고 이제부터 사람을 낚으러 가자는 예수님의 말씀을 들었을 때 어떤 생각을 했을까요? 그들이 배와 그물을 버리고 사람을 낚으러 간다는 말을 듣고서 다른 사람들은 어떤 반응을 했을까요?
고기를 잡던 어부들을 데려다가 사람을 낚는다니 예수님은 이들을 통하여 무슨 일을 하시려는 것입니까?

하나님의 목적으로 해결

이 일은 우연히 일어난 일이 아닙니다. 하나님께서는 이들을 통하여 하실 일들을 이미 계획해 두셨습니다.

렘 16:16 "여호와의 말씀이니라 보라 내가 많은 어부를 불러다가 그들을 낚게 하며 그 후에 많은 포수를 불러다가 그들을 모든 산과 모든 언덕과 바위 틈에서 사냥하게 하리니"

"보라 내가 많은 어부를 불러다가 그들을 낚게 하며." 이들은 예수의 어부들로 계획된 부름을 받은 자들입니다. 죄악의 바다에서 하나님의 백성들을 잡아오기 위해서 그리고 하나님의 나라를 위해서 그들은 낚는 일을 할 자입니다. 이들은 그동안 자신들이 생활했던 물속에서 벗어나 사람을 낚는 새로운 사명을 부여받은 예수님의 파트너들입니다.

1. 예수님은 목적을 가지고 그들을 찾아가셨습니다(16절).

예수님께서 갈릴리 해변을 지나신 것은 우연이 아닙니다. 사람을 낚는 어부를 부르시려고 일부러 가셨습니다. 시몬과 그의 형제 안드레와 세베대의 아들 야고보와 그 형제 요한을 차례로 찾아가셨습니다. 목적을 이루시려는 계획된 심방이셨습니다.

2. 예수님은 그들에게 사람 낚는 새로운 일을 맡기셨습니다(17절).

그들이 어부였기에 "사람을 낚는다"는 말로 그들이 앞으로 무엇을 해야 되는지를 알게 하셨습니다. 이들에게 예수님의 이런 표현은 대단한 흥미와 도전을 갖게 했습니다.

3. 어부들은 사람을 낚기 위해서 선장이신 예수님을 좇았습니다(18, 20절).

시몬과 그의 형제 안드레는 배와 그물을 버리고 예수님을 따랐습니다. 세베대의 아들 야고보와 요한도 그의 아버지를 품꾼들과 함께 배에 버려두고 즉시 예수님을 따랐습니다. 이들은 이제 예수님의 어부들로 사람을 낚으러 출발했습니다.

관점으로 청중 적용

사랑하는 여러분!

1. 우리도 예수님을 따르고 있습니다.
그렇다면 한 가지 질문을 던져보겠습니다.
주님을 따르는 목적 즉 이유가 무엇입니까?

 * 예수님을 믿었으니 무조건 교회에 나와야 한다는 생각 때문입니까?
 * 남들이 교회에 다니기 때문에 나도 가만있으면 안 되기에 그냥 다니고 있습니까?
 * 해결 받아야 할 문제들이 있기 때문입니까?
 * 지금보다 더 나은 삶을 살아야 하기 때문입니까?

맞습니다!
이런 이유들이 예수님을 따르는 목적이 될 수 있습니다.
그렇다면 예수님의 생각도 여러분의 생각과 같으실까요?

2. 우리가 주님을 따르는 이유는 하나입니다.
예수님은 우리를 사람 낚는 어부로 부르셨습니다. 우리 각 사람은 목적 있는 부르심을 받았습니다. 이 부르심의 목적대로 살아갈 때 우리 주변의 문제들은 해결됩니다.

 1) 우리가 낚아야 할 자들이 있습니다.

사람 낚는 어부가 우리의 사명입니다. 이 일이 내게 주신 일이라고 받아들이는 것이 사명입니다. 이 사명은 특정한 자에게만 주신 것이 아닙니다. 부르심을 받은 모든 자들에게 사람 낚는 어부의 사명을 주셨습니다. 내가 사람 낚는 일에 부름 받은 사명자임을 다시 한 번 확인하고 확신하시기를 바랍니다.

2) 사람 낚는 일은 어떤 일보다 우선되어야 할 시급한 일입니다. "배와 그물" 때문에 사람 낚는 일을 지체해서는 안 됩니다. "아버지와 품꾼들" 때문에 마음을 빼앗겨도 안 됩니다. 즉시 배와 그물을 버리고 사람 낚는 일을 시작해야 합니다. 지금 우리에게 사람 낚는 일보다 더 시급한 일은 없습니다.

3) 지금도 하나님께서는 하나님의 백성들을 죄악의 바다에서 건져내고 있습니다. 어떻게 헌신할 것인지를 선택하십시오!
아무것도 하지 않고 사람 낚는 일만 하는 자들이 있고, 사람 낚는 일을 위하여 자신에게 주어진 은사와 달란트를 사용하는 자도 있습니다. 나는 어떤 부르심을 통하여 사람 낚는 일에 헌신해야 할 자인가를 알아야 합니다.

청중 결단

지금 내 주변에 낚아야 할 자들이 있습니다.
지금 당장 그들을 향하여 나아가십시오! 하나님은 사람 낚는 나를 통하여 하나님의 나라가 확장되기를 원하십니다.

4
귀신 들린 자 _ 막 1:21~28

본문 핵심 관점 | 귀신 들린 자

예수님께서 안식일에 가버나움 회당에서 가르치셨습니다.
예수님의 가르침은 당시 종교 지도자들의 가르침과 많은 것이 달랐습니다. 당연히 사람들은 예수님이 누구신가에 더 큰 의문을 가지게 되었습니다.

마침 그날 회당 안에 더러운 귀신 들린 사람이 있어 소리지르며 난동을 피우다가 예수님을 발견하고 이런 말을 합니다.

24절 "나사렛 예수여 우리가 당신과 무슨 상관이 있나이까 우리를 멸하러 왔나이까 나는 당신이 누구인 줄 아노니 하나님의 거룩한 자니이다"

설교를 이끄는 관점

여러분 이상하지 않습니까?

그는 귀신 들린 사람이었습니다. 그가 귀신 들렸다는 말은 온전한 사고를 할 수 없는 자란 의미입니다. 정상적인 사고 작용이 고장난 자입니다. 이런 문제의 사람이 예수님을 향하여 고백한 내용은 너무도 놀랍습니다.

* 그는 예수님이 나사렛 출신임을 알았습니다.
* 그는 예수님께서 귀신을 멸하는 능력이 있음도 알았습니다.
* 그는 예수님이 누구신지를 정확히 알고 있었습니다(이 땅에 오신 이유).
 * 그는 예수님을 하나님의 거룩한 자(=하나님)이시라고 고백했습니다.

당시 예수님을 쫓아다니던 정상적인 사람들도 알지 못하던 사실을 귀신 들린 자가 어떻게 알았을까요? 그런데 예수님은 이 귀신 들린 자가 더 이상 예수님에 대하여 말하지 못하도록 그 입을 막으셨습니다.

이상하지 않습니까? 귀신 들린 자는 바른 말을 했습니다. 예수님에 대하여 하나도 틀린 말을 한 것이 없습니다. 그런데 왜 예수님은 이 귀신 들린 자의 입을 막으셨을까요?

많은 사람들이 회당에 모인 이날 이 귀신 들린 자의 고백은 예수님이 누구신가를 알릴 수 있는 좋은 기회였습니다. 이 귀신 들린 자가 예수님을 증거한다면 아마도 사람들은 이 귀신 들린 자의 말에 귀를 기울이게 될 것입니다. 그런데 왜 예수님은 이 귀신 들린 자의 입을 막으셨습니까?

이 사건을 바라보던 수많은 사람들은 이런 예수님을 향하여 어떤 말과 생각을 했겠습니까? 예수님께서 안식일에 이 귀신 들린 자에게 예수님의 대한 이야기를 하지 못하도록 공격적으로 막으신 이유는 무엇일까요?

하나님의 목적으로 해결

마가는 예수님께서 어떤 분이신가를 보여주고 있습니다. 한마디로 예수님은 구원하지 못할 자가 없는 분입니다. 예수님은 아무리 참혹한 상태에 빠진 자라도 능히 구원하시는 구원자이십니다. 예수님은 인간의 모든 문제, 영과 육의 모든 문제를 해결해 주시려고 우리 곁에 오셨습니다.

예수님께서 귀신 들린 자의 입을 막으신 것은 그 고백이 정상적인 고백이 아니기 때문입니다. 귀신 들린 자는 예수님을 향하여 신앙을 고백한 것이 아닙니다. 많은 사람들 앞에서 예수님을 잘 아는 것처럼 선수를 쳐서 귀신이 살 길을 모색하려고 몸부림친 것입니다. 그래서 예수님은 귀신 들린 자가 귀신에게 놓여서 정상적인 신앙고백으로 구원에 이르도록 그를 고쳐주셨습니다.

1. 귀신을 쫓아 주셨습니다(25절).

예수님을 고백한다고 해도 귀신은 귀신입니다. 축출의 대상입니다. 귀신은 예수님의 능력 앞에서 아무것도 할 수 없는 존재입니다.

2. 귀신 들린 자를 공개적으로 치유하셨습니다(26절).

예수님은 귀신을 쫓아내시는 전능하신 하나님이십니다. 귀신을 제어하고 인간의 힘으로는 어찌할 수 없는 절망에 빠진 자를 구원하실 수 있는 유일한 분이십니다.

3. 예수님은 다른 퇴마사들과 달리 말씀으로 깨끗하게 하셨습니다(25절).

"꾸짖어 → 잠잠하고 그에게서 나오라"

이는 예수님이 어떤 권위를 가지셨는지를 보여 주고 있습니다. 예수님의 말씀은 모든 악한 권세를 제어하는 능력입니다. 예수님은 영과 육의 모든 문제를 해결하러 우리 곁에 오셨습니다.

관점으로 청중 적용

사랑하는 여러분!

1. 지금 우리 주변에 포기하고 버려진 사람은 없습니까?

* 귀신 들린 자처럼 악한 영에 사로잡힌 자.
* 인간의 힘으로 해결할 수 없는 한계에 부딪힌 자.
* 절망의 늪에 빠져서 헤어나지 못하는 자.

이들이 가진 문제보다 더 큰 문제는 이들이 이런 문제로 인하여 버려졌다는 사실입니다. 아무도 이들의 문제를 거들떠보지 않습니다. 이들에 대한 기대(희망)를 버렸다는 사실입니다. 지금 내 주변을 한 번 돌아보시기 바랍니다.

이들을 이대로 버려도 되겠습니까?
내가 포기하고 버려둔 사람은 없습니까?

2. 예수님이 유일한 희망입니다.
이들도 예수님을 만나면 새로운 인생을 살 수 있습니다.
예수님의 능력과 권세로 새로운 삶을 살 수 있습니다.
예수님은 인간의 어떤 문제도 해결하는 구원자이십니다.

1) 이들이 예수님을 만나게 해야 합니다.
절망의 사람이 예수님을 만나면 희망을 갖게 됩니다. 지금 이들에게 예수님을 만나는 것보다 더 시급한 일은 없습니다. 이들이 예수님을 만나면 새 인생이 시작됩니다. 이들이 예수님을 만나도록 무엇이라도 해야 합니다.

2) 말씀을 들을 때 예수님의 능력이 나타납니다.
하나님의 말씀은 가장 큰 권세입니다. 이 권세를 이길 수 있는 것은 아무것도 없습니다. 말씀을 들려주어야 이들이 살 수 있습니다. 이들이 말씀으로 회복할 수 있도록 이끌어야 합니다. 말씀을 들으면 삽니다.

3) 하나님께서는 지금도 악한 영들과 절망에 빠진 자들을 일으키고 계십니다.

살아계신 하나님은 우리 교회를 통하여 예수님의 능력과 권세를 나타내고 계십니다.

교회는 예수님의 권세와 능력이 임하는 곳입니다.

청중 결단

낙심한 자를 일으킵시다!
어떤 자라도 예수님께 데려옵시다.

5
깨끗함을 받으라! _ 막 1:40~45

🌿 본문 핵심 관점 | 손을 대시며

나병은 불결한 병으로 취급되었습니다. 그래서 영어성경(NIV)에도 나병은 치유(heal)가 아니라 씻어내다(cleanse)로 표기됐습니다. 나병 환자는 질병에서 벗어나는 것뿐만 아니라 "clean"한 사회로 회복되어야 합니다. 그러기 위해서 여러 절차를 치러야 합니다.

설교를 이끄는 관점

당시 나병은 치유할 수 없는 병으로 간주되었습니다. 그래서 이들을 격리했으며 이들과 접촉하는 것도 금지되었습니다. 아주 가까운 가족이라도 이들과의 접촉은 허용되지 않았습니다. 그런데 예수님께서 이런 나병 환자와 접촉하셨습니다. 그것도 실수가 아니라 일부러 나병 환자에게 손을 대신 것입니다.

나병 환자에게 손을 대시면 안 됩니다!

이 나병 환자에게 손을 대시면 부정한 자로 취급되어 진 밖으로 쫓겨나게 됩니다.
다시 돌아오기 위해서는 일정한 시간이 경과된 후 정해진 결례를 치러야 하는 불편한 상황이 일어납니다. 예수님이라도 이 일을 피할 수는 없습니다. 그렇게 된다면 예수님의 명성과 앞으로 사역에 큰 지장을 초래합니다.

이 사실을 알고 있던 제자들과 많은 사람들은 예수님께서 나병 환자에게 손을 대시려 할 때에 크게 놀랐을 것입니다. 누군가는 이렇게 소리쳤을 수도 있습니다.
"그러시면 안돼요!"
"손을 대시면 큰일납니다!"

그렇다면 예수님은 이런 사실을 모르고 손을 대셨을까요?

하나님의 목적으로 해결

아닙니다! 예수님은 일부러 손을 대셨습니다.

모두에게 보여주려는 것이 있으셨기 때문입니다.

예수님께서 손을 대시면 그는 더 이상 나병 환자가 아니기 때문입니다. 예수님의 손이 닿는 순간 나병 환자가 아니라 깨끗하게 되기에 예수님이 손을 대셔도 아무런 문제가 발생하지 않습니다. 예수님은 이 나병 환자에게 손을 대시려고 그의 곁에 오셨습니다.

1. 예수님께서 이 나병 환자에게 손을 대시면서까지 애정을 보이신 것은 이 나병 환자의 믿음을 아셨기 때문입니다.

이 나병 환자는 예수님을 감동시킬만한 신앙을 고백했습니다.

40절 "꿇어 엎드려 간구하여 이르되 원하시면 저를 깨끗하게 하실 수 있나이다"

* "꿇어 엎드려"

나병 환자는 주님을 향한 자신의 마음이 어떤 것임을 행동으로 보였습니다.

* "원하시면"

주님의 긍휼을 구했습니다. 그는 깨끗함을 원하는 마음이 너무도 간절했지만 주님의 생각(뜻)을 먼저 구했습니다. 주님이 원하시면 즉, 주님의 긍휼을 기다리는 심정을 고백했습니다.

* "깨끗하게 하실 수 있나이다."

주님의 능력이면 자신을 충분히 깨끗하게 할 수 있다는 믿음을 확실히 보였습니다.

  2. 예수님께서 이 나병 환자에게 손을 대신 것은 감동하셨기 때문입니다.
 "불쌍히 여기사"
  기꺼이 깨끗하게 해주고 싶은 감정이 있으셨습니다. 주님의 마음이 그에게 쏟아졌습니다. 나병 환자의 믿음이 예수님을 움직였습니다. 그를 향하여 예수님이 따뜻한 손길을 내미셨습니다.

  3. 예수님께서 손을 대신 결과 즉시 나병에서 깨끗함을 받았습니다.
  이 나병 환자가 깨끗함을 받은 것은 공개적인 사건이었습니다. 예수님이 손을 대시면 모든 문제에서 즉시 해결 받는다는 사실을 모두에게 보여주셨습니다. 예수님은 어떤 불가능한 현실도 바꾸어 주시는 분입니다.

관점으로 청중 적용

사랑하는 여러분!

  1. 우리에게는 나병과 같은 불가능한 현실이 있습니다.
  그래서 우리도 예수님이 내 문제에 손대어 주시기를 소원합니다.
  이런 소원을 가진 우리는 이런 생각을 합니다.

다른 사람은 몰라도 나에게만은 손대어 주셔야 한다고 생각합니다.

자신은 아무런 노력도 하지 않고 무조건 예수님의 손만 대어 달라고 합니다.

또한 이런 불편한 생각도 합니다.

예수님은 특별한 사람들에게만 손을 대시며 자신은 예수님께 외면당했다는 열등감을 가지기도 합니다. 헌금을 많이 하거나 특별한 일을 하는 자들에게만 손을 대신다고 불평합니다. 그래서 하나님의 은혜를 체험한 자들에 대한 삐뚤어진 감정을 품습니다.

분명한 것은 우리 모두에게 예수님의 손이 필요하다는 사실입니다.

2. 예수님을 감동시켜야 합니다.

예수님께서 불쌍히 여김을 베푸셔야 합니다. 예수님께서 나를 긍휼히 여기실 만한 모습을 보여드려야 합니다.

1) 믿음을 보이십시오!

예수님은 믿음만을 보십니다. 믿음이 문제를 해결 받는 유일한 길입니다. 믿음을 보여드리십시오! 문제만 생각하지 말고 어떻게 나의 믿음을 보여드릴 것인지를 고민하고 행동하십시오! 이 나병 환자는 죽으면 죽으리라는 믿음이 있었기에 예수님께 나올 수 있었고 기적을 경험했습니다.

2) 믿음은 말과 행동으로 나타납니다.

믿음의 사람은 예수님 앞에서 자신이 어떤 자세를 가져야 하는지를 압니다.

지금 예수님 앞에 내 모습이 어떤지를 살펴보십시오! 낮추어야 합니다. 최대한 낮추어야 합니다. 그리고 신앙을 고백해야 합니다.

"깨끗케 하실 수 있나이다"

예수님을 내 인생의 유일한 해결자로 믿고 고백하는 자에게 기적이 일어났습니다.

3) 예수님은 우리의 불가능한 현실을 바꾸어 주십니다.
지금 예수님께서는 "내가 원하노니 깨끗함을 받으라"고 선포하고 계십니다.
지금도 즉시 모든 문제들을 해결하십니다.

청중 결단

지금도 예수님께서 손을 대신다는 사실을 믿고 문제의 장소에 믿음의 손을 얹으십시오.
예수님께서 손대심을 믿는 자마다 기적과 이적을 보게 됩니다

6
네 죄 사함을 받았느니라! _막 2:1~12

🌿 **본문 핵심 관점 | 죄 사함 받음**

예수님께서 가버나움에 돌아오셨다는 소문이 삽시간에 퍼졌습니다. 수많은 사람들이 예수님을 만나려고 예수님께서 머무시는 집으로 몰려들었습니다. 그때 예수님이 계신 집의 지붕을 뚫고 들것에 의지하여 예수님께 나아온 중풍병자가 있었습니다.

예수님은 이 중풍병자와 그를 메고 온 사람들의 믿음을 보시고 이렇게 말씀하셨습니다.

5절 "이르시되 작은 자야 네 죄 사함을 받았느니라"

설교를 이끄는 관점

지금 이 사람이 남의 집 지붕을 뚫어가면서 예수님께 나온 이유는 죄 사함을 받으려는 것이 아닙니다. 중풍병을 고침 받기 위해서였습니다.

그렇다면 예수님은 "네 죄를 사함 받았다"는 말을 하실 것이 아니라 "네 질병에서 자유함을 받으라"고 하셔야 됩니다. 중풍병을 고쳐달라고 남의 집 지붕까지 뚫으면서 예수님께 나왔는데 질병에 대한 이야기는 한 마디도 하지 않으시고 죄 사함이나 받고 가라니 이 중풍병자와 그 친구들의 심정이 어떠했겠습니까!

주변의 다른 사람들도 예수님의 말씀에 문제가 있다는 반응을 보였습니다.

6-7절 "어떤 서기관들이 거기 앉아서 마음에 생각하기를 이 사람이 어찌 이렇게 말하는가 신성 모독이로다 오직 하나님 한 분 외에는 누가 능히 죄를 사하겠느냐"

거기에 앉아 있던 서기관들도 예수님의 말씀에 대해 신성 모독이라고 생각했습니다.
당시 신성모독을 범한 자는 돌에 쳐 죽일 수 있는 중죄에 해당합니다. 예수님은 왜 쓸데없는 말을 하셔서 위기를 자초하시는지 이해 할 수 없습니다.

중풍병자와 그를 메고 온 사람들은 정말 혼란스러웠습니다. 죽기 살기로 욕을 먹어가면서 겨우 예수님께 왔는데 질병을 고쳐

주려는 생각이 없으신지 네 죄 사함을 받았다는 엉뚱한 말씀만 하시니 순간 모든 기대가 무너져 내렸습니다.

왜 예수님은 치유를 갈망하는 중풍병자에게 이런 엉뚱한 말씀을 하십니까?

하나님의 목적으로 해결

예수님께서 이 중풍병자를 고쳐주려고 하신 말씀입니다.
"네 죄 사함을 받았느니라"는 말씀은 그곳에 모여 있던 수많은 사람들을 향하여 두 가지 사실을 외치신 것입니다.

하나는, 인간을 괴롭히는 질병과 고통은 죄의 결과임을 지적하셨습니다.

죄 문제가 해결되지 않으면 인간은 질병과 아픔 그리고 저주에서 영원히 벗어날 길이 없다는 사실입니다.

또 하나는, 예수님께서 이 죄를 사하는 권세를 가지고 아픔과 질병에서 자유를 주려고 이 땅에 오셨음을 밝히신 것입니다. 예수님은 죄를 사하는 유일한 권세를 가진 분으로 우리 곁에 오셨습니다.

예수님은 이 중풍병자를 통하여

1. 예수님이 누구신가를 알려주셨습니다(10절).
예수님은 이 땅에 죄를 사해주시려고 오셨습니다.

이 땅의 모든 죄와 저주를 끊어내시려고 우리 곁에 오셨습니다.

예수님이 오시지 않으면 죄를 사할 수 있는 길이 없기 때문입니다.

2. 예수님은 사죄를 선언하심으로 중풍병자를 즉시 치유하셨습니다(11절).

죄의 권세를 끊으심으로 중풍병자의 질병을 해결해 주셨습니다(5절). 예수님은 이 땅에 죄 사함을 통한 치유와 회복을 주려고 오셨습니다. 죄 사함의 권세를 가지신 예수님께서 치유하지 못할 질병은 없습니다. 예수님께 죄 사함 받은 자는 육신의 문제도 해결 받는 복을 누립니다.

3. 지켜보던 모두에게 믿음을 주셨습니다(12절).

"내가 네게 이르노니 일어나 네 상을 가지고 집으로 가라"

예수님께서는 모두가 보는 데서 이 치유를 행하심으로 예수님을 믿도록 하셨습니다. 예수님께서 하나님의 아들, 하나님이심을 보여주며 믿게 하셨습니다. 그러나 서기관들은 신성 모독을 핑계로 예수님을 어찌하려는 생각 때문에 믿지 못했습니다.

관점으로 청중 적용

사랑하는 여러분!

1. 우리에게도 수많은 문제가 있습니다.

우리의 문제들이 쉽게 해결되지 않는 것은 무엇 때문인지 생각해 본적이 있습니까? 우선순위가 무너지면 해결도 어렵다는 사실을 놓치면 안 됩니다.

나는 무엇을 우선하고 있는지 생각해 보시기 바랍니다.
혹시 내 안에 감추어진 진짜 문제는 외면한 채 눈에 보이는 것에만 매달리고 있지는 않습니까?

예수님께서 나를 찾아오신 목적이 무엇일까요?

단순히 질병이나 직장의 문제 정도를 해결해 주시려고 오셨을까요? 오늘 여러분은 어떤 예수님을 만나려고 이 자리에 나오셨습니까?

오늘 우리에게 가장 시급한 것은 무엇입니까?

2. 예수님이 어떤 분이신지를 놓치지 말아야 합니다.

예수님이 이 땅에 오신 목적은 질병을 고치려는 것이 아닙니다. 예수님을 바로 알고 믿는 것이 문제 해결의 시작입니다.

1) 예수님은 구원자, 메시야이심을 믿으십시오!

여기서 구원자란, 죄에서 건져주시는 유일한 분이라는 의미입니다. 죄는 인생을 절망과 불행으로 내몰다가 결국은 사망에 던져버립니다. 하지만 안타깝게도 이 죄를 해결 받는 길이 이 땅에는 없습니다. 그래서 예수님께서 죄 사함을 주시려고 이 땅에 구원자로 오셨습니다.

2) 치유와 문제 해결은 선물입니다.
치유와 문제 해결이 예수님을 찾는 목적이 되어서는 안 됩니다. 치유와 문제 해결이 없어도 예수님을 찾아야 합니다. 우리가 이런 믿음을 가질 때 치유와 문제 해결을 선물로 받습니다. 우선순위가 바뀌면 안 됩니다.

3) 지금도 예수님은 죄 사함의 은혜를 베푸십니다.
예수님의 사죄는 영과 육을 치유하는 능력입니다. 이 예수님의 능력이 우리와 함께하십니다. 지금도 예수님의 사죄를 받은 자에게 육신의 치유와 회복이 여기저기서 나타나고 있습니다.

청중 결단

문제를 가지고 예수님께 나아가십시오!
예수님은 우리의 모든 문제를 해결하시려고 우리 곁에 오셨습니다.
예수님을 찾는 것이 믿음입니다.
죄 사함과 치유를 통해 예수님을 나타내는 것이 복음입니다.

7
인생이 막힐 때 _ 막 2:1~12

본문 핵심 관점 | 뚫다(뜯다)

예수님께서 가버나움에 계실 때 한 중풍병자를 네 명이 들것에 메고 나왔습니다.

하지만 그들은 사람들에게 가로막혀 예수님을 만날 수 없었습니다. 이럴 때 몇 가지 방법이 있습니다. 포기하고 돌아가던지, 다른 사람에게 사정해서 비켜달라고 하던지, 그래도 아무 길도 안 열리면 다음 만남을 기약할 수밖에 없습니다.

그런데 중풍병자와 네 명의 친구들은 예수님을 만나기 위해서 지붕을 뚫었습니다!

설교를 이끄는 관점

지붕을 뚫으면 안 됩니다!
누구 집의 지붕을 뚫었습니까?
주인의 허락은 받았습니까?
남의 집 지붕을 뚫어가면서라도 자기의 욕심만 채워야 되겠습니까?

이것은 무모한 짓입니다.
이런 무모한 짓을 하면서까지 예수님을 만나는 것은 이해할 수 없습니다.

지붕은 뚫으면 안 됩니다!

* 지붕을 뚫는다는 것은 남의 재산을 함부로 파괴하는 행위입니다. 나 살자고 다른 사람에게 피해를 주면 안 됩니다.
* 많은 무리들이 모였습니다.
이들 모두 예수님의 치유를 기다리는 사람들입니다. 지붕을 뚫는다는 것은 이 많은 사람들을 무시하고, 새치기하는 나쁜 일입니다. 정당한 방법이 아닙니다. 옳지 못한 일입니다.
* 지붕을 뚫으면 먼지나 소음이 납니다.
이것으로 인해서 예수님과 치유를 기다리는 사람들이 직접적인 피해를 당합니다. 소음과 먼지, 떨어지는 부유물로 큰 상처를 입을 수도 있습니다.
* 주인이 변상을 요구한다면 이 사람은 중풍병보다 더 큰 문제를 떠안게 됩니다.

∴ (결론) 지붕을 뚫으면 안 됩니다!

여러분, 어떤 일이 있어도 지붕을 뚫으면 안 됩니다.

이는 자기도 죽고 남도 죽이는 일입니다. 이런 일은 절대 해서는 안 됩니다.

그렇다면 이런 상황에서 예수님은 어떤 반응을 보이셨을까요?

하나님의 목적으로 해결

예수님은 이들의 행동에 대해 "저희의 믿음을 보시고"라고 하셨습니다. 중풍병자와 네 명의 친구들이 자신들의 문제를 해결하기 위해 지붕을 뚫어서라도 예수님을 반드시 만나야겠다고 행동한 것을 믿음으로 여기셨습니다.

이들이 뚫은 지붕은 무엇입니까?

장애물입니다. 예수님과의 만남을 가로막는 장애물입니다. 예수님과 이들 사이에 가로막힌 장애물입니다. 이들은 지붕을 뚫은 것이 아니라 예수님께 나아가는데 가로막혀 있는 장애물을 뚫은 것입니다.

믿음이란 무엇입니까?

주님과 나 사이에 가로막혀 있는 장애물을 뚫는 것입니다. 이들은 예수님을 만나기 위해서 장애물을 극복했고, 예수님은 이것을 믿음이라고 하셨습니다.

이들은 믿음으로 많은 장애들을 뚫은 자들입니다.

1. 이들은 먼저 중풍병자의 집을 뚫었습니다.

거동이 불편해서 집 밖으로 나올 수 없는 장애인을 위해 네 명의 친구들은 합심하여 그를 데리고 나왔습니다. 이들이 굳게 닫혀있던 그의 집을 뚫어 주지 않았다면 아무것도 이루어지지 않았습니다. 이들은 믿음으로 그를 공간적으로 제한하고 있던 집을 뚫었습니다.

2. 이들은 포기라는 장애를 뚫었습니다.

사람들이 너무 많아서 포기해야 할 상황이 눈앞에 닥쳤습니다. 이들의 힘으로는 그 많은 사람들을 뚫고 예수님께 나아갈 수 없었습니다. 포기하고 돌아가는 것이 최선의 길이었습니다. 하지만 이들은 포기하지 않고 길을 찾았습니다. 이들은 믿음으로 포기라는 장애를 뚫었습니다.

3. 이들은 믿음으로 아무도 시도한 적이 없는 지붕을 뚫었습니다.

누가 이런 일을 하리라고 상상이나 했겠습니까? 이들은 지붕을 뚫어서라도 예수님을 만나면 반드시 살 수 있다는 믿음으로 지붕을 뚫었습니다.

4. 마침내 이들의 믿음대로 중풍병이 뚫렸습니다.

이들이 믿음으로 모든 장애를 뚫었기에 예수님께서 이들의 장애를 뚫는 믿음을 보시고 중풍병을 뚫어주셨습니다. 믿음으로 장애를 뚫은 사람은 문제가 뚫립니다. 믿음으로 장애를 뚫는 자만이 문제가 뚫리고 기적이 일어납니다.

관점으로 청중 적용

사랑하는 여러분!

1. 우리 앞에도 신앙을 방해하는 장애물(지붕)이 있습니다.

문제는 우리를 가로막고 있는 장애물들을 당연하게 여기고 뚫으려고 생각하지 않는 것입니다. 예수님께 나아가는데 방해하는 세력이라는 생각을 하지 않습니다.

어떤 사람은 장애물을 숙명처럼 여깁니다.
절대로 해결할 수 없는 불가능의 문제로 취급합니다. 그래서 이것을 이겨내려는 노력조차 하지 않습니다(이것이 지금 청중들이 갖고 있는 신앙의 장애물, 지붕이다).

어떤 사람은 장애물(지붕)을 쳐다보기만 합니다.
"언젠가는 되겠지…, 시간이 지나면 저절로 없어질 거야" 하고 시간만 낭비하며 살아갑니다. 막연한 기대를 믿음처럼 생각합니다.

지금 여러분 앞에 놓여있는 장애물은 무엇입니까?
그 장애물을 뚫기 위해 무엇을 하고 있습니까?

2. 내 앞에 있는 장애물(=지붕)을 뚫어야 인생이 뚫립니다.
장애물은 문제가 뚫리지 못하도록 방해하는 세력입니다.

그냥 지붕이 아닙니다. 지붕을 앞세운 사탄의 전략입니다.

1) 오직 믿음으로 뚫어야 합니다.
예수님과 나를 가로막는 장애물은 믿음으로 뚫어야 뚫립니다.
믿음 외에 그 어느 것으로도 뚫을 수 없습니다.
오직 믿음을 앞세우고 뚫릴 때까지 뚫어야 합니다.

2) 만일 혼자의 힘으로 뚫기가 어렵다면 동역자와 함께 뚫으십시오!
우리 곁에는 함께 뚫을 수 있는 동역자들이 있습니다.
주변을 둘러보십시오! 하나님께서 우리 곁에 함께 뚫을 수 있는 친구들을 이미 붙여 주셨습니다. 지금 내 옆에 있는 바로 이분이 나의 동역자입니다! 도움을 청하고, 달려가서 함께 뚫으면 뚫립니다.

3) 예수님은 내가 믿음으로 장애물 뚫기를 지켜보고 계십니다.
왜 보고 계시는 것일까요? 내가 장애물을 뚫고 예수님께 나오면 문제를 해결해 주려고 기다리시는 것입니다.

청중 결단

오늘은 뚫는 날입니다!
오늘은 내 인생이 뚫리는 날입니다!
오늘 내가 뚫어야 할 내 앞에 있는 지붕(=장애물)은 무엇입니까? 오늘 내가 뚫어야 할 장애물은 바로 "나"입니다.

나의 어떤 모습이 예수님께 나아가지 못하게 가로막고 있습니까?

내 마음대로 하려는 이기주의, 혹은 자기중심적 사고와 행동, 쉽게 포기해 버리는 근성이 예수님을 만나지 못하도록 장애물처럼 서 있습니다!

나를 이렇게 뚫으십시오!

* 무엇이든지 "내가" 중심에 서려는 사고를 버리십시오.

* 믿음을 갖고 나를 숨기십시오.

* 언제든지 예수님을 앞세우십시오!
"주님이 하셨어요! 주님이 은혜를 주셨어요! 주님이 도와주셨어요!" 이것이 뚫는 것입니다.

* 오늘 이 설교를 들으면서
"나 때문에 기적이 안 일어나는구나!"
"나 때문이구나! 내가 문제구나!"
이것을 깨달았다면 지붕이 뚫린 것입니다.
나만 내려놓으면 내 문제가 해결됩니다.
나만 내려놓으면 가정이 열립니다!
나만 내려놓으면 어떤 문제든지 열립니다!

8
세리와 함께 _ 막 2:13~17

본문 핵심 관점 | 세리

본문은 세리에 대한 이야기입니다.
  예수님 당시 세리는 약간의 명예와 부를 누렸습니다. 하지만 세리에 대한 편견도 아주 심했습니다. 예수님께서 지나시다가 세관에 앉은 알패오의 아들 레위를 보고 "나를 따라오라" 말씀하시니 그가 일어나 예수님을 따랐습니다.

설교를 이끄는 관점

다른 사람들도 많은데 왜 하필 세리를 부르셨을까요?
  당시 세리는 사람들의 평판이 좋지 않았습니다. 이런 세리가 예수님을 따른다면 예수님께도 별 유익이 되지 않습니다.

　* 예수님을 따른다는 것은 자기의 전부를 포기하는 것입니다.
　세리 직업으로 인하여 얻은 수입으로 가정과 자녀들의 생계를 꾸려가던 자가 자기의 직업을 버리고 예수님을 따르면 가정과 자녀들은 누가 돌본단 말입니까? 이는 가정과 자녀들에 대한 무책임한 행동입니다.

　* 예수님을 따르기로 작정한 세리가 이번에는 예수님을 자기 집에 초청했습니다.
　당연히 주변의 시선이 곱지 않았습니다. 세리에 대한 편견과 예수님이 세리의 집에서 죄인과 함께 있는 것이 주변 사람들의 눈에 거슬렸기 때문입니다. 사람들은 예수님을 비난하며 세리 집에 계신 예수님의 일행을 마치 죄인 취급했습니다.

　이때 예수님께서 비난하는 자들을 향하여 한마디 던지셨습니다.

　17절 "건강한 자에게는 의사가 쓸 데 없고 병든 자에게라야 쓸 데 있느니라"

　예수님께서 하신 이 말씀은 세리가 병든 자라는 말씀으로 들립니다. 혹시 세리의 집에 환자라도 있는 것일까요?
　"나는 의인을 부르러 온 것이 아니요 죄인을 부르러 왔노라 하시니라"

이번에는 세리를 많은 사람들 앞에서 노골적으로 죄인 취급하셨습니다.

기껏 예수님을 따르겠다고 결심하고 자기 집으로 모셔서 식사까지 대접했는데 자신을 병든 자, 죄인 취급하다니 세리의 기분이 어떻겠습니까?
예수님의 이야기를 듣고 사람들이 세리의 가정을 오해할 수도 있습니다. 이 말씀은 세리에게 예수님을 따르는 것이 잘못된 선택처럼 느껴지게 할 수 있습니다. 예수님을 위하여 모든 것을 버리고 자신의 집에 모셔서 극진히 대접한 세리에게 이럴 수는 없습니다.

하나님의 목적으로 해결

예수님께서 이런 말씀을 하셨을 때는 이유가 있습니다.
성경 다른 곳에는 이 세리의 이름이 마태라고 기록되어 있습니다(마 9:9-13).

예수님은 세리 마태가 문제가 있음을 지적하신 것이 아닙니다. 예수님과 세리 마태를 비난하는 자들을 향하여 너희도 구경꾼처럼 바라보지만 말고 세리 마태처럼 건강할 수 있는 기회, 죄인에서 의인될 수 있는 기회를 붙잡으라는 음성이셨습니다. 세리 마태는 이 기회를 붙잡았고 이미 건강한 자가 되었고 의인이 되었음을 모두에게 선포하셨습니다.

1. 바리새인들의 잘못된 시각을 바로잡으셨습니다.
  죄인을 부르러 오신 예수님과 함께하지 못하는 자들이 더 큰 문제임을 알게 하셨습니다. 그들의 시각이 문제였습니다. 편견이 문제였습니다. 예수님은 문제의 사람을 찾아서 우리 곁에 오셨습니다.

2. 마태 세리의 집은 더 이상 죄인의 집이 아님을 공개적으로 선포하셨습니다.
  예수님을 영접한 순간 누구라도 더 이상 죄인이 아닙니다. 예수님이 거하시는 곳은 더 이상 죄인의 집이 아닙니다.

3. 마태가 예수님을 영접한 순간 예수님은 그와 그 집의 모든 문제들을 건강하게 회복 시키셨습니다.
  예수님은 영과 육의 모든 질병을 고치는 만병의 의사이십니다.

관점으로 청중 적용

사랑하는 여러분!

1. 우리도 쉽게 버리지 못하는 것이 있습니다.
  자신의 모습을 돌아보기보다 다른 사람의 모습을 함부로 판단합니다. 또 어떤 사람에 대한 인식이나 고정된 사고를 버리지 못합니다.
  지금 내가 건강한 자인지 병든 자인지를 살펴야 합니다.

지금 내가 의인이지 죄인인지도 살펴야 합니다.
지금 내가 누구의 기준에 의해서 살아가고 있는지도 돌아보아야 합니다.

자기를 잃어버린 사람은,
* 언제나 자기에 대해서는 관대하지만 다른 사람에게는 냉정하고 비판적입니다.
이런 사람은 늘 어두운 그늘 밑에서만 활동하는 자와 같습니다.
* 눈에 보이는 것에 목숨 건 껍질뿐인 삶을 살고 있습니다.
이런 사람에게는 평안과 즐거움이 없고, 늘 긴장하며 다른 사람들의 시선을 의식하기에 삶 자체가 피곤합니다. 즉 병든 자의 삶을 삽니다.

2. 예수님을 통하여 솔직하게 자신을 바라보십시오!
내가 살아야 합니다.
내가 건강해야 다른 사람도 건강한 눈으로 바라볼 수 있습니다.

1) 믿음의 거울 앞에 서십시오.
세상의 기준과 잣대로는 나를 제대로 볼 수 없습니다. 예수님의 눈으로 나를 바라보아야 진짜 내 모습을 볼 수 있습니다. 지금 예수님의 기준 앞에 자신을 세우십시오!

2) 예수님의 목소리에 귀를 열고 아멘으로 받아들이십시오.
"내가 의인을 부르러 온 것이 아니라 죄인을 부르러 왔노라".
이는 나를 부르시는 음성입니다. 나를 건강하게 하시려고, 의인

되게 하시려고, 내 어두운 곳을 밝혀주시려는 음성입니다. 오늘 이 기회를 놓치지 말고 새로운 삶을 시작하십시오!

3) 예수님은 나의 친구가 되어주시려고 이 땅에 오셨습니다.
그분은 나를 위하여 못할 것이 없으십니다. 그분은 지금 나와 함께 계십니다. 오늘 예수님을 나의 집으로 초청하셔서 새로운 삶을 시작하기를 바랍니다.

청중 결단

예수님과 사람들이 모여 있는 곳(교회)을 바라보지만 말고 함께 합시다!
* 함께할 때 찾아오는 시련, 시험들을 두려워 맙시다(건강해지는 과정이 필요하다).
* 함께할 때 모두가 건강해집니다.
* 바라보던 자리를 떠나서 함께하는 자리로 나아갑시다.
  - 셀, 목장, 구역
  - 기관 모임 등.
교회에서 이루어지는 공동체 생활에 적극적으로 참여합시다!

9
안식일 _ 막 3:1~6

🌿 **본문 핵심 관점 | 안식일의 죄**

예수님께서 다시 회당에 들어가신 날은 안식일입니다. 그곳에 있던 많은 사람들 사이에 유난히 예수님의 시선을 끄는 사람이 있었습니다. 그는 한쪽 손이 마른 자였습니다(1절).

예수님은 사람들이 모여 있는 한가운데로 그 손 마른 사람을 나와서 서게 하셨습니다. 3절에 "예수께서 손 마른 사람에게 이르시되 한 가운데에 일어서라" 하시고 모여 있던 사람들을 향하여 큰 소리로 이런 질문을 하셨습니다.

4절 "그들에게 이르시되 안식일에 선을 행하는 것과 악을 행하는 것, 생명을 구하는 것과 죽이는 것, 어느 것이 옳으냐 하시니 그들이 잠잠하거늘"

예수님의 질문은 안식일에
* 선을 행하는 것과 악을 행하는 것,
* 사람을 살리는 것과 죽이는 것 중 어느 것을 해야 하는지를 물으셨습니다.

설교를 이끄는 관점

그런데 이상한 것은 안식일에 대한 예수님의 질문에 아무도 답하지 않습니다. 유대인들은 안식일을 철저하게 지키는 자들입니다. 자신들에게 너무 익숙한 질문을 하셨는데 왜 아무도 예수님의 질문에 답하지 않습니까?

예수님의 질문이 어렵습니까? 아니면 예수님의 질문이 대꾸할 가치가 없었습니까? 어찌 그 많은 사람들 중 답하는 자가 한 사람도 없단 말입니까! 혹시 예수님이 일어서라 하신 자에게 물으신 질문으로 알고 모두 입을 다문 것입니까?

또 한 가지 이상한 점은 왜 손 마른 사람을 사람이 모인 한가운데 세워두시고 이런 질문을 하셨습니까?

갑자기 썰렁해진 분위기에서 한가운데 서 있던 한쪽 손 마른 자는 얼마나 어색하고 불편했겠습니까! 자신의 불편한 손을 모두에게 공개라도 하듯 일부러 세워두신 예수님이 아주 원망스러웠을 것입니다.

왜 하필 예수님은 한 손 마른 자를 일으켜 세우시고 이런 질문을 하셨을까요? 그리고 모여 있던 사람들은 그리 어렵지 않은 예수님의 질문을 왜 회피했을까요?

하나님의 목적으로 해결

예수님께서 이들에게 이런 질문을 하신 것은 한 손 마른 자를 고쳐주시기 위해서입니다. 2절을 보십시오!

"사람들이 예수를 고발하려 하여 안식일에 그 사람을 고치시는가 주시하고 있거늘"

예수님은 그곳에 있던 사람들의 생각을 알고 계셨습니다.

안식일 회당에 모여 있던 사람들 대부분은 예수님이 안식일을 범하는 자로 알고 있었습니다. 그래서 그들은 예수님의 행동에 따라서 이번 기회에 예수님을 처단하려고 했습니다. 이 사실을 알고 계셨던 예수님은 그들에게 질문을 던져서 안식일이 어떤 날인가를 다시 일깨워 주셨습니다.

지금 예수님 주변에 모여든 사람들 대부분은 안식일에 대한 잘못된 생각을 가지고 있었습니다. 예수님께서 제정하신 참 안식일의 의미를 훼손하고 자기들 마음대로 안식일을 지켰습니다. 그래서 예수님은 그들에게 안식일의 본질을 물으심으로 안식일이 무슨 날인가를 상기시키셨습니다.

지금 이들은 선을 행하도록 만드신 안식일에 악을 행하고 있었습니다. 생명을 구하는 안식일에 죽이는 일에 앞장섰습니다. 그래서 그들은 자신이 행한 일을 알기에 예수님의 질문에 아무 말도 하지 못했습니다. 예수님은 이런 이들의 상태를 "마음이 완악함"으로 표현하셨습니다.

안식일은 어떤 날입니까?

1. 안식일은 선을 행하는 날입니다.
여기서 선이란, 안식일을 지키는 기준이 하나님께 있다는 의미입니다. 안식일은 하나님이 원하시는 일을 행하는 날입니다.
안식일은 하나님이 세우신 기준대로 움직이는 날입니다.

2. 안식일은 살리는 날입니다.
안식일은 살리고 일으키고 회복하는 날입니다. 안식일은 힘들고 지친 영혼들, 병들어 고통 받는 영혼들이 위로와 회복 그리고 다시 살리심을 받는 날입니다. 이 일을 방해하는 그 어떤 세력도 예수님은 용납하지 않으십니다.
안식의 본질은 쉼과 회복입니다. 회복은 다시 나아가기 위한 힘을 얻는 것입니다. 그래서 예수님은 손 마른 사람의 치유를 직접 보여주심으로 모두가 이런 안식일을 지키게 하셨습니다.

5절 "그들의 마음이 완악함을 탄식하사 노하심으로 그들을 둘러보시고 그 사람에게 이르시되 네 손을 내밀라 하시니 내밀매 그 손이 회복되었더라"

3. 당시 유대인들이 지키는 안식일은 예수님이 제정하신 안식일과 달랐습니다.

유대인의 안식일은 모든 것이 스톱(Stop)하는 날이었습니다.

유대인은 안식일을 "샤밧" ⇒ '쉬다, 중단하다'는 의미로 불렀습니다. 그래서 랍비들은 다음과 같은 안식일에 관한 원칙을 만들었습니다.

* 안식일에는 불을 붙여서는 안 된다고 규정했습니다. → 불 사용 금지

출 35:3절을 근거로 안식일은 불을 새롭게 사용할 수 없기에 금요일 해 지기 전에 불을 붙여서 안식일인 토요일 저녁까지 사용하게 했습니다. 만약에 불을 꺼뜨린다면 절대로 다시 켤 수 없습니다. 지금도 이렇게 안식을 지키고 있습니다(병원이나 중요한 장소에 불이 꺼진다면 어찌 되겠는가…).

유대인의 달력에는 금요일 해 지는 시간이 기록되었고 토요일 저녁에는 사이렌을 울려서 안식일에서 빠져나오게 합니다. 이것을 "모째 샤밧"이라 합니다.

* 활동을 제한했습니다. → 제한된 행동

출 16:29절 "처소에서 나오지 말라"는 말씀을 근거로 활동을 제한했습니다. 여기서 말하는 처소를 "동네와 마을"로 해석하고 안식일에는 회당까지 나올 수 있게 했습니다.

* 안식일에 유대인이 해서는 안 될 39가지의 금지조항을 정했습니다.

그것은 '불붙이기, 불끄기, 망치질, 긁기, 표시하기, 모양대로 자르기, 쓰기, 지우기, 짓기, 무너뜨리기, 씨 뿌리기, 쟁기질, 추수, 추수단 묶기, 타작, 곡식 씻기, 도리깨질, 체질, 방아질, 반죽, 빵 굽기, 양털 깎기, 표백, 재료 배합, 염색, 실뽑기, 베틀에 실 엮기, 방적, 천 짜기, 다 된 물건 치우기, 매듭짓기, 매듭 풀기, 찢기, 바느질, 덫 놓기, 도살, 껍질이나 가죽 벗기기, 무두질, 공공장소에서의 운반행위' 등 39가지입니다. ⇒ 이 모두는 하나님이 정한 안식일의 정신을 훼손한 것입니다.

4. 안식일은 악에게 굴복하지 않는 날임을 보여주셨습니다.

이런 안식일 조항들은 예수님의 활동마저 비판의 대상으로 만들었습니다. 하지만 예수님은 안식일에 무엇을 해야 하는지 똑똑히 보여주셨습니다. 예수님께서 안식일에 무엇을 행하는지 엿보던 무리들은 안식일의 의미를 변질시킨 자들입니다. 이들이 만든 39개 조항은 안식일을 만드신 예수님의 의도와 전혀 상관이 없습니다.

관점으로 청중 적용

사랑하는 여러분!

1. 지금도 안식일처럼 주일을 지키는 사람들이 있습니다.
이런 사람들은 특징이 있습니다.

* 이들은 신앙의 범위와 활동을 제한합니다.
자신들이 만든 신앙의 울타리를 벗어나지 말라고 강요하고 벗어나면 정죄하고 단죄합니다. 억압된 신앙을 강요합니다.

* 이들 주변에 있는 자들은 주일이 억압받는 날입니다.
주일 돌아오는 것이 결코 행복하지 않습니다. 주일은 아주 불편하고 힘든 날입니다. 특히 이들 주변에 있는 아이들에게는 더더욱 고통스런 날입니다.

* 이런 사람들은 다른 사람들이 주일에 어떤 행동을 하는지만을 주시합니다. 그리고 자신의 기준에서 함부로 판단하고 비난합니다. 주일에 무엇을 하고, 하지 않은 것에 따라서 그 사람의 신앙을 가름합니다. 이들은 자신들이 지키는 주일에 대한 대단한 자부심을 갖습니다.

지금 여러분은 어떤 주일을 지키고 계십니까?
주일이 기다려집니까?
주일이 행복합니까?

2. 안식일이 아니라 주일을 지켜야 합니다.

주일은 모든 것을 정지하고 쉬는 날이 아닙니다. 무엇을 하고 안하고에 따라서 주일을 구별하는 것이 아닙니다. 주일은 주님을 위하여 움직이는 날입니다. 주님을 위하여 움직이려면 당연히 내가 하던 일은 쉬어야 합니다. 주일을 잘 지키기 위해서 6일 동안 열심히 일해야 합니다. 하지만 주일은 주님을 위하여 일하도록 구별된 날이기에 내 일을 계속할 수 없습니다.

1) 주일은 만왕의 왕이신 예수님의 날입니다.
예수님과 공적 만남의 날입니다. 왕이 오시는 날인데 대충 맞을 수는 없습니다. 제대로 준비해야 합니다. 개인도 교회도 정성껏 예수님 맞을 준비를 해야 합니다.

2) 주일은 살리고 일으키는 날입니다.
주일은 새 힘을 공급 받는 날입니다. 주일에 새 힘을 얻어야 다시 6일을 이겨 낼 수 있습니다. 주일은 모두가 회복과 치유를 우선해야 합니다. 한 주간 상처 받은 몸과 마음을 예수님의 손길로 일으킴 받아야 합니다. 이것보다 우선해야 될 일은 없습니다.

3) 주일은 온 가족이 함께 지키는 것이 성경적입니다.
주일의 출발은 가정에서 시작됩니다. 가족들 간 대화와 인사가 주일의 시작입니다. 하나님을 섬기는 날로서도 중요한 날이지만, 온 가족에게도 복된 날임을 잊지 말아야 합니다. 가정에서부터 행복한 주일을 만들어가기를 바랍니다.

청중 결단

"주일의 마무리는 가족들과 축복으로!"
가족들이 서로 축복기도로 주일을 마무리합시다!
직접 해보면 처음에는 어색하지만 2~3주 지나면 괜찮습니다.
가족들 간에 강한 신뢰감이 생깁니다.

10
성령 모독 죄 _ 막 3:20~30

🌿 **본문 핵심 관점 | 귀신의 왕**

　예수님의 사역은 사람들을 놀라게 했습니다. 특별히 귀신을 쫓아내는 예수님을 사람들은 감당할 수 없었습니다. 예수님께서 집으로 들어가시니 많은 사람들이 따라 들어와 식사할 겨를 없이 분주한 모습입니다.

　예수님이 집에 계실 때 모여든 사람들 대부분은 예수님의 손길을 기대하고 나아온 자들입니다. 이 무리 중에는 예수님의 친족들도 섞여 있었습니다. 하지만 예수님의 친족들은 예수님께 치유를 갈망하며 나온 자들이 아니었습니다. 이들이 예수님께 나온 이유는 예수님을 붙잡아가려고 나왔습니다.

21절 "예수의 친족들이 듣고 그를 붙들러 나오니 이는 그가 미쳤다 함일러라"

이들은 귀신을 쫓아내는 예수님을 미쳤다고 여겼습니다.
그래서 예수님을 붙잡아 더 이상 귀신을 쫓아내는 등의 행동을 하지 못하도록 제재(제어)하려는 것입니다.

또 다른 무리도 있었는데 이들은 예루살렘에서 예수님을 붙잡기 위해서 내려온 서기관들이었습니다. 예루살렘에서 온 서기관들도 예수님을 향하여 "바알세불이 지폈다"하며 "귀신의 왕을 힘입어 귀신을 쫓아낸다"고 소리질렀습니다.

설교를 이끄는 관점

예수님의 친척과 서기관들은 무슨 근거로 예수님께서 귀신이 들렸다고 단정했을까요?
이들은 예수님의 어떤 모습을 보고 미쳤다고 했을까요?
이들은 예수님이 귀신 들린 자처럼 행동하는 것을 목격이라도 했단 말입니까?

다른 사람들도 아니고 예수님의 친척들이 예수님을 미친 자로 취급한다면 주변 사람들은 그들의 말을 어떻게 받아들였을까요?

예루살렘에서 온 서기관들은 예수님에 대한 정확한 정보 없이는 그 먼 길을 일부러 내려오지 않았을 것입니다. 당시 이들은 종교 지도자로서 사람들에게 적지 않은 영향을 끼치던 자들입니다. 이들이 예수님을 향하여 "귀신의 왕을 힘입어" 이런 일을 한다고 진단하고 발표했다면 예수님에 대한 사람들의 시선들이 달라질 수도 있습니다.

정말 예수님께서 귀신의 왕을 힘입어 이런 일을 하는 것이 맞습니까?
이들의 말을 들으신 예수님은 어떤 반응을 보이셨을까요?

하나님의 목적으로 해결

이들의 말을 들으신 예수님은 조용히 그들을 부르셨습니다. 아마도 다른 조용한 장소로 불러서 구별하여 말씀하셨거나 그들만 앞으로 불러서 그들을 주목하시며 말씀하셨을 것입니다.

28~29절은 그들에게 말씀하신 핵심입니다.
"내가 진실로 너희에게 이르노니 사람의 모든 죄와 모든 모독하는 일은 사하심을 얻되 누구든지 성령을 모독하는 자는 영원히 사하심을 얻지 못하고 영원한 죄가 되느니라 하시니"

예수님은 서기관들과 친척들이 "성령을 모독했다"고 하셨습니다. 그리고 사함을 받을 수 있는 죄와 사함 받을 수 없는 죄가 있는데 성령을 모독하는 자는 사함을 얻지 못하고 영원한 죄가 된다고 지적하셨습니다.

여기서 말씀하신 "성령을 목독하는 죄"는 무엇입니까?

이들이 어떻게 성령을 모독했다는 것입니까?

이들은 예수님이 하시는 일을 왜곡하고 적대감을 가지고 대적했습니다. 예수님은 이들의 말과 행동이 성령이 하시는 일을 훼방하고 모욕하는 일을 한 것이므로 사하심을 얻지 못하리라고 정죄하셨습니다.

1. 그들은 이치에 맞지 않는 말로 예수님의 사역을 왜곡했습니다(22절).

예수님은 이들의 말이 얼마나 모순되고 억지인가를 비유로 말씀하셨습니다(23~26절). 이들의 이런 억지는 예수님을 대적하려는 음모에서 비롯되었습니다.

2. 예수님께서 이런 권세를 행하시는 것은 귀신의 왕을 힘입어서가 아니라 성령님의 역사임을 나타내셨습니다(29절).

"성령을 모독했다"는 말로 예수님의 능력이 성령님의 역사이심을 드러내셨습니다. 그리고 성령님은 어떤 귀신의 세력도 제어 하시는 가장 강한 분이심도 나타내셨습니다(27절). 사탄은 예수님(성령)께 아무런 힘도 쓰지 못하고 결박당하고 쫓겨났습니다.

3. 결국 이들은 예수님에 대한 진실을 왜곡함으로 예수님의 사역을 의도적으로 방해했습니다.

이것은 예수님을 노골적으로 대적하는 행위였습니다(30절).

예수님은 이들의 이런 말과 행동을 용서받을 수 없는 신성모독 죄로 정죄하셨습니다.

예수님을 대적하는 일은 성령을 모독(하나님의 일을 모독)하는 일이므로 용서받을 수 없는 죄입니다.

관점으로 청중 적용

사랑하는 여러분!

1. 지금도 성령님께서 복음운동을 위하여 하시는 일들이 계속되고 있습니다.

이런 성령님의 역사들을 내가 믿을 수 없다고 해서 함부로 말하거나 행동하는 사람들이 있습니다.

성령님의 사역을 함부로 판단하고 비난하는 일을 멈추어야 합니다. 이는 예수님과 성령님을 모독하는 행위입니다. 이는 하나님 나라 운동을 방해하는 행위입니다. 성령님께서 하시는 일들은 내 기준과 생각으로 다 알 수 없습니다.

믿지 않는 자들의 비방이나 왜곡보다는 믿는 자들의 이런 모습이 더 큰 문제입니다.

특히 오랜 기간 신앙생활했던 사람들에게 이런 일들이 빈번하게 일어나는 것은 큰 문제입니다.

자신이 알고 있는 것이 전부라는 생각을 버려야 합니다.
우리의 잘못된 생각들이 성령님의 사역을 방해할 수 있습니다.

2. 하나님의 일들을 함부로 비방하지 마십시오! 이는 성령을 훼방하는 일입니다.

예수님의 사역을 왜곡하고 대적한 자들이 어떤 결과를 초래했는지를 잊지 말아야 합니다.

1) 성령님의 일하심을 믿고 기대하십시오.

성령님께서는 하나님의 나라와 복음전파운동을 위해서 원하시면 무엇이든지 하십니다. 성령님은 예수님의 사역을 드러내십니다. 성령님은 예수님의 구원운동을 중심으로 활동하십니다. 성령님이 움직이시는 곳에는 크고 놀라운 능력이 나타납니다.

2) 하나님 나라 운동의 동역자가 되십시오.

예수님께서 나와 함께하지 않는 자는 나를 대적하는 자라고 하신 말씀을 기억해야 합니다. 신앙의 적극적인 태도와 행동으로 주의 일에 협력자들이 되십시오.

3) 하나님의 일을 훼방하는 자들은 정죄의 대상입니다.

* 아무것도 하지 않는 것은 훼방입니다.

동참해서 함께 수고해야 하나님의 일들이 결실을 맺습니다.
수수방관은 침묵의 훼방입니다.

* 비난과 정죄를 멈추십시오.

나와 다른 방법으로 예수님을 따르는 자들을 함부로 말하지 마십시오.
이런 훼방은 용서 받지 못할 수도 있습니다.

청중 결단

하나님의 일에 대해 부정적인 태도를 버리십시오!
이는 성령님을 근심하게 하는 일입니다.
하나님의 일에 적극적인 태도를 가지면 부정적인 모습이 없어집니다.

11
씨 뿌리는 비유 _ 막 4:10~20

🌱 **본문 핵심 관점 | 비유**

예수님께서 바닷가에서 가르치시니 큰 무리가 모여들었습니다. 예수님은 바다에 떠 있던 배에 올라 앉으셔서 말씀을 전하셨습니다.

이에 예수님께서 여러 가지 비유로 가르쳤습니다(1-2절). 그리고 9절을 보면 "귀 있는 자는 들으라"고 하셨습니다. 이것은 들을 수 있는 자만 듣고 못 듣는 자는 할 수 없다는 의미입니다.

그래서 10절을 보면 예수님께서 혼자 계실 때 어떤 사람들이 열두 제자와 더불어 예수님께서 말씀하신 비유에 대하여 물었습니다. 이들이 이렇게 조용히 예수님을 찾아온 것은 예수님께서 말씀하신 비유를 깨닫지 못했기 때문입니다.

12절을 보면 예수님께서도 이 사실을 알고 계셨습니다. 그리고 일부러 깨닫지 못하도록 비유를 사용하셨다고 말씀합니다.

설교를 이끄는 관점

이상하지 않습니까?
 말씀을 듣는 자 누구나 쉽게 깨닫고 이해하도록 말씀하셔야지 누구는 알아듣지 못하도록 일부러 비유를 사용하셨다니 말이 됩니까?

13절을 보십시오!
 예수님은 비유의 뜻을 이해하지 못하여 찾아온 제자들과 사람들이 알지 못하는 것을 당연하게 여기고 계십니다. 그리고 예수님은 씨 뿌리는 비유를 설명해 주셨습니다.

씨 뿌리는 자는 씨, 곧 말씀을 뿌리는 것이라고 하셨습니다.
 * 길 가에 뿌려진 씨는 사탄이 즉시 와서 빼앗아갔습니다.
 * 돌밭에 뿌려진 씨는 그 속에 뿌리가 없어서 잠깐 견디다 넘어졌습니다.
 * 가시떨기에 뿌려진 씨는 외부의 요인들이 결실하지 못하게 막아버렸습니다.
 * 좋은 땅에 뿌려진 씨는 30, 60, 100배의 결실을 맺었습니다.

말씀을 깨닫지 못하는 것과 씨 뿌리는 비유는 무슨 상관이 있습니까?

하나님의 목적으로 해결

예수님은 이 비유를 통하여 예수님을 어떻게 받아들이느냐에 따라서 다양한 사람의 결말이 있음을 말씀하고 계십니다.

* "씨"는 말씀(예수님)이십니다.
* "밭"은 예수님을 받아들이는 우리의 심령 상태입니다.
* "귀 있는 자"는 자신의 결말이 누구의 문제인지를 아는 것을 의미합니다.

우리에게 나타나는 결말은 예수님(말씀)께 있는 것이 아니라 듣는 자에게 있음을 깨닫는 것이 귀 있는 자입니다.

우리는 예수님의 비유를 통하여 예수님(말씀)을 방해하는 세력들이 무엇인지 깨닫고 자신의 결말을 대비해야 합니다.

예수님을 방해하는 세력들이 있습니다.
씨가 결실하지 못하도록 방해하는 세력들입니다.

1. 사탄은 예수님을 방해하는 세력입니다(15절).
사탄은 예수님께서 우리 안에 거하시지 못하도록 방해하는 세력입니다. 길가와 같이 굳은 마음으로 예수님을 거부하는 것은 사탄의 세력이 방해하기 때문입니다.

2. 환난이나 박해는 예수님을 방해하는 세력입니다(16-17절).

현실에서 다가오는 환난과 박해 그리고 온갖 시험들은 예수님께 뿌리내리지 못하도록 우리를 흔드는 세력입니다. 이 걸림돌들을 이겨내지 못하면 예수님을 뿌리내릴 수 없습니다.

3. 세상의 염려와 재물의 유혹, 기타의 욕심들도 방해세력입니다(18-19절).

세상에 대한 미련과 욕심들은 내 안에 예수님이 거하실 곳이 없게 합니다.

스스로 예수님을 거부하는 행위입니다. 결국 염려와 욕심들은 예수님을 내 안에서 더 이상 계실 수 없도록 몰아내고야 맙니다.

예수님은 씨 뿌리는 비유를 통하여 내가 당할 결말을 깨닫고 준비하는 자가 되기를 원하십니다.

관점으로 청중 적용

사랑하는 여러분

1. 지금 나는 어떤 상태입니까?
지금 내 안에 계신 예수님은 어떤 모습입니까?

* 혹시 예수님이 거하시지 못하는 길가 같은 상태는 아닙니까?
* 환난과 시험으로 인하여 넘어져서 예수님이 뿌리째 뽑혀 버리지는 않았습니까?

* 세상 유혹과 욕심에 사로잡혀 예수님이 어디에 계신지도 모르는 상태는 아닙니까?

문제는 나입니다.
하지만 우리는 이런 내 문제를 심각하게 인식하지 못합니다. 모든 문제의 원인과 결과를 자신 탓이 아니라고 합니다. 타인에 대한 원망과 불평, 환경에 대한 불만이 가득합니다. 이런 자들 때문에 예수님께서 "귀 있는 자"라는 말씀으로 누구의 문제인지 깨닫는 것이 중요함을 지적하셨습니다.

2. 예수님을 받아들여야 결실합니다.
씨의 문제가 아닙니다. 결실을 위하여 밭을 준비해야 합니다. 준비된 밭은 예수님께서 결실하도록 주도하십니다.

1) 예수님을 받아들이는 자는 좋은 땅입니다.
예수님을 믿음으로 받아들이기만 하면 좋은 땅이 됩니다.
좋은 땅은 예수님이 함께 하시는 땅입니다. 예수님이 주인이 되시는 땅입니다. 아무리 좋은 땅이라도 예수님께서 계시지 않으면 좋은 결실을 보장할 수 없는 땅입니다.

2) 예수님의 말씀대로 실천하십시오.
30, 60, 100배의 결실이 있는 것은 그 땅이 예수님의 말씀대로 행동한 결과입니다. 말씀대로 행동한 결과에 따라서 결실의 차이가 있습니다. 이는 실천의 결과에 따라서 주어지는 복이 차이가 있음을 의미합니다. 구원의 결과가 아니라 상급, 복의 결과입

니다.

3) 예수님은 우리 모두가 좋은 땅이 되어서 이 땅을 사는 동안 100배의 결실을 맺기 원하십니다.

예수님은 우리의 삶이 날마다 더 풍성해지기를 원하십니다. 30배 보다는 60배를, 60배보다는 100배의 결과를 기대하십니다.

청중 결단

지금 내 안에 계신 예수님을 점검하십시오!
지금 이대로라도 내 결말에 문제가 없는지를 점검하십시오!
나는 말씀을 듣고 어떻게 행동합니까?
지금 나는 몇 배의 결실을 맺고 있습니까?

움직여야 합니다.
세상 것과 싸워야 합니다.
더 많은 결실을 위한 몸부림이 절실합니다.
예수님과 함께 복을 누리는 자들이 되십시오.

12
인생의 골든타임 _ 막 4:35~41

본문 핵심 관점 | 풍랑(무서움)

날이 저물 때 예수님과 제자들이 배를 타고 갈릴리 바다를 건너던 중 갑자기 큰 광풍이 불기 시작합니다. 아무런 준비 없이 태풍을 만난 것입니다.

한 번 상상해 보십시오!
잔잔하던 바다가 갑자기 식인 상어 떼들처럼 입을 벌리고 달려듭니다. 바닷물이 거대한 산더미처럼 하늘로 솟아오르고 배는 미친 송아지처럼 마구 흔들립니다. 이미 배 안은 밀려들어오는 바닷물로 홍수를 이루고 여기저기서 물을 퍼내지만 시간이 갈수록 상황은 더 심각해집니다.
이때 정신을 가다듬은 제자들이 배 안 어딘가에서 주무시는 예수님을 생각해 냅니다. 그리고 누구라 할 것도 없이 일제히 달려들어 예수님을 깨우며 살려달라고 애원합니다. 그 순간 배 안에 있던 모든 사람들의 시선이 예수님께로 향했습니다. 아우성 대는 제자들의 다급한 목소리가 무색할 만큼 예수님은 말없이 흔들리는 뱃머리로 몇 걸음 나아가시더니 마치 사람을 꾸짖듯이 "바다야 잠잠하고 고요하라"고 약간 언성을 높이셨습니다.

그때 놀라운 일이 벌어졌습니다. 그렇게 거세던 바람이 즉시 그치고 바다는 언제 그랬느냐는 듯이 금새 잔잔해졌습니다. 다시 배 안으로 고개를 돌리신 예수님은 이번에는 제자들을 향하여 큰소리로 꾸짖으셨습니다.

"어찌하여 이렇게 무서워하느냐?"
"너희가 어찌 믿음이 없느냐!"

설교를 이끄는 관점

이런 상황에서 무서워하지 않을 사람은 아무도 없습니다!
제자들은 거센 파도와 생사를 걸고 싸웠습니다. 1분 앞도 예측할 수 없는 절박한 상황에서 어찌 무서워하지 않을 수 있단 말입니까! 더구나 대낮도 아니고 흑암이 내려앉는 저녁녘에 이런 일을 만났으니 제아무리 간 큰 사람이라도, 아무리 바다에서 잔뼈가 굵은 어부일지라도 무서워할 수밖에 없습니다. 살려달라고 아우성치는 것은 당연합니다.

배 안에 있던 사람들이 두려워 소리치는 시간에 예수님은 무얼 하셨습니까? 편안히 주무셨지 않았습니까! 배 한쪽 편에서 편히 쉬고 계셨습니다. 제자들이 공포에 시달리던 그 시간에 예수님은 주무셨으면서 제자들에게 무서워한다고 야단치시다니 이해가 안 됩니다.

배를 띄우고 건너편으로 가자고 한 것은 예수님입니다.
억지 같지만 이 모든 상황을 책임져야 할 분은 예수님입니다. 그런데 어찌하여 예수님은 제자들에게만 모든 책임을 돌리시듯 인정사정없이 믿음을 운운하시면서 제자들만 야단치십니까!

이 다급한 상황에 믿음을 앞세워 태평할 자가 얼마나 있겠습니까! 이건 믿음의 문제가 아니라 생사의 문제입니다. 죽음이 코앞에서 손짓하는 시간에 믿음이 없다고 야단치시다니 말이 되지 않습니다.

하나님의 목적으로 해결

우리가 믿는 예수님은 생떼를 쓰시거나 말도 안 되는 억지를 부리시는 분이 아닙니다. 예수님의 책망은 분명한 이유가 있습니다. 예수님께서 이들을 야단치신 이유는 예수님을 찾는 골든타임을 놓쳤기 때문입니다.

* 풍랑을 만난 제자들의 모습을 보십시오.

파도가 휘몰아치고 광풍이 덮쳐 왔을 때 그들은 이 정도쯤이야 하며 자기들이 해결하려고 예수님은 안중에도 없었습니다. 자기들의 경험과 방법을 앞세우며 야단법석이었습니다. 그들이 예수님을 찾았을 때는 자기들이 할 수 있는 것은 다 해본 후였습니다.

* 예수님은 골든타임을 놓친 제자들을 책망하셨습니다.
자기들의 수단과 방법을 앞세워 할 짓 다하고 할 수 없어서 예수님을 찾은 제자들의 형편없는 영적 상태를 꾸짖으셨습니다. 이는 제자들 믿음의 현주소를 지적한 것입니다. 풍랑 앞에서 제자들의 형편없는 영적 상태가 드러났습니다.

믿음이 없는 자는 할 것을 다하고, 잃을 것을 다 잃고 맨 마지막에 예수님을 찾습니다. 이것이 골든타임을 놓친 자의 모습입니다. 이런 자들은 예수님의 책망의 대상입니다.

1. 예수님은 주무신 것이 아닙니다.
제자들이 찾아오기를 기다리고 계셨습니다. 그들이 예수님을 잊고 있었기에 예수님도 주무시는 것처럼 계셨습니다. 아마도 풍랑이 없었다면 그들은 예수님을 찾지 않았을 것입니다. 어딘가에 계시는 예수님이라고 여겼을 것입니다.

2. 풍랑은 예수님을 찾으라는 신호입니다.
풍랑은 예수님을 잃어버린 자들에게 예수님을 찾으라는 신호였습니다. 빨리 예수님을 찾을수록 풍랑은 빨리 잠잠해집니다.

풍랑만 보고 두려워하지 말고 풍랑을 통하여 손짓하시는 예수님을 바라보시기를 바랍니다.

3. 풍랑을 만난 자에게는 골든타임이 중요합니다.

제자들은 골든타임을 놓쳤습니다. 그래서 예수님의 책망을 받았습니다. 예수님을 찾는 골든타임을 지키는 것이 믿음입니다. 풍랑을 만났을 때 골든타임을 놓치면 많은 것을 잃을 수 있습니다.

관점으로 청중 적용

사랑하는 여러분!

1. 풍랑 없이 사는 인생은 없습니다.

흔들리지 않고 피는 꽃이 없듯이 시련 없이 사는 인생도 없습니다. 하지만 풍랑을 만나면 사람은 왜 나만 이런 고통을 겪느냐고 좌절하고 탄식합니다.

* 풍랑이 예고 없이 찾아오기 때문입니다.

시간과 장소 그리고 상황을 가리지 않고 풍랑이 찾아옵니다. 지금 고요하다고 마음 놓으면 안 됩니다. 지난번에 바람을 이겨냈다고 끝난 것이 아닙니다. 언제고 또 다른 바람이 언제 또다시 불어올 것입니다. 더 센 바람, 큰센바람, 왕바람, 노대바람, 싹쓸바람이 불어올지도 모릅니다.

* 풍랑을 이겨내는 것이 쉽지 않기 때문입니다.

풍랑이 무서운 것은 인간의 힘으로 어찌할 수 없기 때문입니다. 때로는 가만히 당하는 수밖에 없습니다. 그래서 우리는 이런 우리의 현실을 극복할 수 있는 길을 찾아야 합니다.

인생의 풍랑을 이길 수 있는 길은 어디에 있을까요?

2. 예수님이 인생의 풍랑을 이기는 유일한 길입니다.

풍랑을 만났을 때 가장 먼저 예수님을 찾으시기 바랍니다. 예수님을 붙잡는 골든타임을 놓치면 아주 심각한 문제로 발전됩니다.

1) 예수님을 찾는 것이 믿음입니다.

예수님을 가장 먼저 찾는 것이 큰 믿음입니다. 문제를 해결 받는 믿음입니다. 믿음이 없는 자는 자신의 방법과 경험을 앞세우고 예수님은 생각하지 않습니다. 믿음으로 예수님을 가장 먼저 찾는 자에게는 칭찬과 기적이 있습니다. 풍랑 때문에 예수님을 잊지 마십시오!

2) 믿음으로 예수님께 구하십시오!

예수님이 계시니까 알아서 하시겠지 하면서 문제 해결을 위한 의지를 전혀 보이지 않는 사람도 있습니다. 예수님은 기다리십니다. 우리가 풍랑 만났을 때 예수님을 향하여 구하기를 기다리고 계십니다. 우리가 예수님의 도우심을 구할 때 일어나서 바람과 파도를 꾸짖어 잠잠하게 하십니다.

지금 풍랑 때문에 염려하고 두려워하십니까? 구하십시오! 예수님을 향하여 소리지르고 부르짖으십시오! 풍랑을 이기는 힘은 예수님께 있습니다.

3) 예수님은 골든타임을 놓친 자를 꾸중하십니다.
예수님을 찾는 것은 인간의 그 어떤 뛰어난 수단보다 앞서야 합니다. 나는 예수님 뒤에 있어야 안전합니다. 예수님을 앞장세우는 성숙한 믿음으로 풍랑을 대처하십시오! 풍랑을 만난 나를 기다리시는 예수님의 심정을 놓치는 어리석은 분들이 한 분도 없으시길 바랍니다.

청중 결단

풍랑은 예수님을 찾으라는 신호입니다.
풍랑 때문에 예수님을 놓치지 마십시오.
 1) 제일 먼저 예수님을 찾으십시오.
 2) 풍랑을 만난 그 자리에 예수님이 찾아오십니다.
 3) 자신의 힘으로 풍랑을 해결하려는 어리석음을 버리십시오.
 4) 무조건 예수님만 찾으면 됩니다. 풍랑을 만난 자리에서 예수님을 찾는 것이 믿음입니다. 지금 믿음으로 예수님을 부르십시오!

"예수님을 놓치지 마십시오! 예수님이 오시면 됩니다. 문제 중심의 삶을 벗어나야 합니다. 문제보다 더 심각한 것은 예수님을 잃어버린 삶입니다."

2부
마가복음 5~10장

사람들 속에서 복음을 보여주다

THE GOSPEL OF MARK

1
바다에 버린 돈다발 _ 막 5:1~20

🌿 **본문 핵심 관점 | 돼지 떼**

예수님께서 거라사 지방으로 갔을 때 일입니다.
무덤 사이에 한 사람이 쇠사슬에 묶여서 아무도 제어할 수 없는 상태로 버려져 있었습니다. 그런데 그곳에 묶여있던 귀신 들린 자가 예수님을 알아보고 달려와 절하며 이상한 소리를 합니다.

7절 "큰 소리로 부르짖어 이르되 지극히 높으신 하나님의 아들 예수여 나와 당신이 무슨 상관이 있나이까 원하건대 하나님 앞에 맹세하고 나를 괴롭히지 마옵소서 하니"

여러분, 이상하지 않습니까?
* 귀신 들린 사람이 예수님을 정확히 알아보았습니다.

"지극히 높으신 하나님의 아들 예수여." 이는 당시 정상적인 사람들도 하지 못한 고백이었습니다. 이 사람이 귀신 들린 자가 맞습니까?

* 귀신이 귀신 들린 자에게서 쫓겨난다는 사실을 알고 예수님과 협상을 요구합니다.

처음에는 자기를 그냥 내버려 두라고 하더니 나중에는 돼지 떼에게 보내달라고 합니다. 귀신과 예수님의 협상을 어떻게 생각하십니까?

* 예수님께서 이 귀신 들린 자의 요구를 들어주십니다.

쉽게 말하면 귀신의 요구에 응답하셨습니다. 우리는 그 응답의 결과를 주목해야 합니다. 귀신이 응답 받은 결과 근처에서 사육되던 2,000마리의 돼지 떼가 몰살당했습니다.

설교를 이끄는 관점

여러분은 이 상황을 어떻게 받아들입니까?
지금 예수님께서 무슨 일을 하셨는지 알고 있습니까?

귀신 들린 자에게서 귀신을 내쫓겠다고 남의 재산인 돼지 2천 마리를 바다에 몰살시켰습니다. 멀쩡하던 돼지 떼들이 갑자기 바다로 달려 들어가 몰살하는 장면을 생각해보십시오! 누가 보아도 놀라지 않을 수 없는 끔찍한 일입니다.

* 여러분 이 돼지 떼 2천 마리는 누구의 것입니까?
예수님 것입니까? 귀신 들린 자의 것입니까?

* 사전에 주인의 허락은 받으셨을까요?
만일 사전에 주인의 허락을 받지 않으셨다면 예수님은 남의 재산을 함부로 손상시킨 범죄를 저지른 것입니다. 어떤 주인이 가만히 있겠습니까!

* 이 귀신 들린 자가 돼지 2천 마리의 가치가 있는 자입니까?
그는 사람에게 버려진 쓸모없는 인간이었습니다. 그를 위해서 버려진 돼지의 값은 한 마리당 30만원×2천 마리=6억에 해당하는 거액입니다. 이 사람이 이런 거액을 주고 고칠 만한 가치가 있는 사람인지 우리는 의구심을 가질 수밖에 없습니다.

* 돼지 2천 마리의 값은 누가 보상합니까?
귀신 들린 자가 회복된다면 이 엄청난 액수를 보상할 수 있을까요? 왜 예수님은 말도 안 되는 엄청난 일을 만드셨을까요?

하나님의 목적으로 해결

예수님께서 귀신 들린 자의 치유 과정을 보여주신 이유가 있습니다!
대가를 지불해야 영혼을 살릴 수 있음을 말씀하십니다. 우리의 영혼이 구원받기 위해서 대가를 지불해야 함을 보여주셨습니다.

* 귀신 들린 자의 모습은 우리의 모습입니다.

스스로는 아무것도 해결할 수 없는 자의 모습은 우리의 모습입니다. 예수님은 이런 우리를 찾아오셨습니다.

예수님께서 그를 위하여 기꺼이 돼지 2천 마리의 대가를 지불하신 것처럼 우리를 살리시기 위해서 돼지 2천 마리로는 살 수 없기에 예수님 자신을 직접 드려서 우리를 살리실 것을 예고하셨습니다. 예수님께서는 자기 생명으로 대가를 지불해 주시려고 우리 곁에 오셨습니다.

1. 예수님은 귀신 들린 자를 일부러 찾아가셨습니다.

버려진 영혼, 아무도 주목하지 않는 자를 일부러 찾아가셨습니다. 예수님께서 일부러 찾아가지 않으셨다면 그 귀신 들린 자는 영원히 구원받을 길이 없던 자였습니다.

2. 예수님께서 귀신 들린 자를 위한 대가를 지불하셨습니다.

예수님은 남의 집안을 괴롭히거나 거덜 나게 하시는 분이 아닙니다. 예수님께서 돼지 2천 마리를 바다에 몰살시키신 것은 예수님께서 그 대가를 지불하려는 계획을 가지셨기 때문입니다. 예수님은 2천 마리보다 더 큰 복을 그 돼지 떼 주인에게 주셨습니다.

3. 귀신 들렸던 자에게 예수님을 전파하라고 하셨습니다 (19절).

예수님은 귀신 들렸던 자에게 새로운 삶을 주셨습니다. 이제 그는 자신에게 이루어진 모든 일을 가족을 시작으로 모두에게 증거해야 합니다. 이것이 구원받은 자의 삶입니다. 이것이 그를 살리신 이유입니다.

관점으로 청중 적용

사랑하는 여러분!

1. 구원의 감격이 있습니까?
예수님을 생각하면 가슴이 뜨거워지고, 내가 받은 구원의 은혜가 너무 귀해서 감격하는 심정이 아직도 살아있습니까?

* 우리는 구원받을 자격이 없던 자였습니다.
우리는 죄악에 버려진 자였습니다. 세상 죄악의 줄에 묶여서 도무지 소망이 없던 자였습니다. 우리의 모습은 죄악에 찌들어 일그러져있었고 기쁨과 즐거움은 찾아볼 수 없었습니다. 스스로는 구원받을 수 있는 길이 전혀 없었습니다.

* 아무도 우리를 주목하지 않았습니다.
내가 이 땅에 존재하는지조차 아무도 몰랐습니다. 외로운 인생길을 가는 자였습니다. 그래서 외로움을 이겨보려고 세상에 취해서 방황하고 방탕하던 자였습니다.

* 이런 나를 예수님께서 찾아오셨습니다.

예수님께서 나를 찾아오지 않았더라면 아직도 나는 세상 줄에 묶여있었을 것입니다. 이런 나를 구원해 주시려고 예수님께서 일부러 찾아오셨습니다.

2. 예수님께서 나를 살리려고 대가를 지불하셨습니다.

(이것이 오늘 설교의 결론입니다!)

예수님은 나를 살리려고 내 곁으로 찾아오셨습니다. 나를 살리려는 이유만으로 예수님의 전부를 대가로 지불하셨습니다.

1) 구원의 감격을 회복하십시오!

나를 위하여 모든 것을 버리고 내 곁으로 오신 예수님을 다시 한 번 가슴에 품으십시오. 나를 살리려고 자신의 생명을 대가로 지불하신 예수님을 가슴에 품으십시오. 그래서 내 가슴에 살아계신 예수님이 내가 살아가야 할 이유라면 구원의 감격이 있는 성도입니다. 아직도 이 감격과 결단이 없다면 오늘 이 구원의 감격을 회복하셔야 합니다.

2) 나도 예수님을 위하여 무엇인가를 해야 합니다.

나도 예수님을 위하여 나를 희생할 수 있어야 살아있는 신앙입니다. 내가 어떤 헌신을 한다고 해서 그것이 예수님께 받은 구원의 대가를 대신하는 것은 아닙니다.

우리는 이 땅의 그 어떤 것을 드린다 해도 예수님께 받은 구원의 대가를 대신할 수 없습니다. 예수님은 우리가 그 대가를 지불할 수 없음을 아시기에 은혜로 거저 주셨습니다. 우리는 그 은혜에 대한 감격으로 예수님께 내가 할 수 있는 아주 작은 것이라도 드릴 수 있어야 합니다. 지금 나는 무엇으로 예수님을 섬기고 있습니까?

3) 우리가 만일 한 영혼을 살리기 위해서 무엇을 손해보고 어려움에 처했다면 예수님께서 책임져주십니다.

예수님은 한 영혼을 살리는 일에 우리가 주저하는 것을 안타까워하십니다. 거라사 지방의 사람들은 예수님 때문에 자신의 재산이 손해 입을까 두려워 예수님이 거기서 속히 떠나기를 구했습니다.

청중 결단

한 사람의 영혼을 위하여 직접 가든지 구원할 자를 보내든지 합시다.

누군가 희생의 대가를 지불했기 때문에 내가 구원을 받았습니다.

이제 나도 누군가의 구원을 위하여 대가를 지불합시다(전도하라고 직접적으로 말하는 것보다 이렇게 설교하는 것이 청중들에게 더 강하게 들린다).

2
두려움을 이겨라 _ 막 5:21~43

본문 핵심 관점 | 두려워하다

회당장은 회당에서 모임이나 예배를 주관하던 사람입니다. 당시 회당에는 열 명 정도의 관리자가 있었고 그 중에 3명 정도가 번갈아가면서 회당장의 역할을 맡았습니다. 본문에서 회당장 중 하나라는 말은 이들 중 한 명이라는 뜻입니다. 회당장은 여러 면에서 상당한 존경을 받는 위치에 있었습니다.

회당장 중 한 사람이었던 야이로의 가정에 예기치 않은 문제가 발생했습니다. 그의 열두 살 된 딸아이가 불치의 병에 시달리며 사경을 헤매고 있었습니다. 야이로는 아버지로서 딸을 위하여 그가 할 수 있는 모든 수단과 방법을 다했을 것입니다. 하지만 별 차도가 없자 예수님을 찾아서 해결을 구하기로(치유) 결정했습니다.

그는 예수님이 오신다는 해변가로 달려가서 예수님을 만나 딸을 치료해 주실 것을 구했고, 예수님을 모시고 집으로 향했습니다. 길을 가던 중 한 여인이 예수님의 걸음을 멈추며 시간을 소비합니다. 그리고 얼마 안 되어 야이로의 집에 있던 하인이 달려와서 딸의 죽음을 알렸습니다.

"더 이상 예수님이 수고하지 않아도 되니 빨리 와서 장례나 치르라"고 했습니다. 이때 옆에서 그 모든 이야기를 듣고 계시던 예수님께서 야이로를 향하여 "두려워 말고 믿기만 하라"고 하셨습니다.

설교를 이끄는 관점

무슨 말도 안 되는 소리입니까?
자식이 죽었는데 어찌 두려워하지 않을 수 있습니까! 두려워하는 것은 당연합니다. 딸의 죽음을 듣고 두려워하지 않는다면 아비가 아닙니다. 두려운 정도가 아니라 하늘이 무너지는 절망을 안고 아파하는 것이 아비입니다.

* 두려워하는 것은 당연합니다.
딸이 죽었기 때문입니다. 그 누구의 죽음보다 자식의 죽음은 부모를 두렵게 합니다. 다른 사람의 죽음은 안타까움을 주지만 딸의 죽음은 두려움을 줍니다.

앞으로 딸을 볼 수 없다는 것은 두려움을 갖게 합니다. 딸 없이 살아갈 날들을 생각하면 이 두려움이 얼마나 지속될지 당해 보지 않은 사람은 모릅니다. 아비도 보지 못하고 쓸쓸하게 죽음을 맞았을 딸을 생각하면 두려움이 산처럼 내려앉습니다. 이런 아비의 심정을 아신다면 두려워하지 말라는 말씀은 하지 말아야 합니다.

* 이런 상황에서 예수님의 말씀은 불편하게 들립니다.
"두려워 말고 믿기만 하라." 이미 죽었다는데 또 무엇을 믿으라고 하십니까? 죽기 전에 살려주셨으면 믿지 말라 하셔도 믿습니다. 하지만 이미 죽었는데 무엇을 믿으라는 말씀입니까? 이런 상황에서 무엇을 더 믿으라 하시는지 이해할 수 없습니다.

혹시 예수님께서 딸이 죽었다는 말을 잘못 들으신 것은 아닐까요? 왜 상황에 맞지 않는 감정과 태도를 요구하시는 것일까요?

하나님의 목적으로 해결

예수님은 모든 문제의 해결자이십니다.
예수님은 야이로의 문제를 해결하실 수 있는 유일한 분이십니다.

예수님께서 야이로에게 "두려워하지 말고 믿기만 하라"고 말씀하신 것은,

1. 흔들리지 않는 믿음을 요구하신 것입니다.

예수님은 야이로의 딸이 죽은 것을 먼저 아셨습니다. 그래서 집에 있던 종들이 도착하기 전에 야이로의 눈앞에서 12년 된 혈우병 여인의 믿음을 보여주셨습니다.

그 여인은 예수님의 옷자락에 손만 대어도 치유된다는 믿음으로 문제를 해결 받았습니다. 그러므로 야이로도 예수님께서 딸을 고쳐줄 수 있다는 믿음으로 처음 예수님을 찾아왔을 때처럼 그 믿음이 끝까지 흔들리지 말라는 요구입니다.

2. 야이로가 믿음으로 흔들리지 않을 때 예수님께서 책임져 주신다는 약속입니다.

"두려워하지 말고 믿기만 하라"는 말씀은 다른 아무 소리도 듣지 말고 예수님의 소리만 들으라는 당부입니다. "죽었다" "끝났다"는 세상의 소리에 무너지지 않으면 끝까지 책임져 주신다는 예수님의 약속입니다.

3. 예수님은 두려움의 장소까지 야이로와 함께 가셨습니다.

예수님은 야이로가 두려워하는 딸의 주검이 있던 장소까지 동행하셨습니다. 야이로가 믿음으로 두려움을 이겨냈기 때문입니다. 예수님은 야이로의 믿음을 보시고 두려움의 문제를 해결하셨습니다.

"소녀야 일어나라." 마치 잠자던 아이를 깨우는 것처럼 야이로의 딸을 일으키셨습니다. 야이로 가정을 두려움에서 완전히 해방하셨습니다.

관점으로 청중 적용

사랑하는 여러분!

1. 지금 우리 주변에도 우리를 두렵게 하는 것들이 있습니다.

우리를 두렵게 하는 것들의 정체는 한두 가지가 아닙니다. 이루 셀 수 없는 것들이 우리를 두려움 속으로 몰아넣고 있습니다.

* 실패는 우리를 두렵게 합니다.

한 번의 실패도 두렵지만 거듭되는 실패는 개인과 가정을 두려움과 불안으로 떨게 합니다. 이런 두려움은 아름다운 우리들의 관계들을 모조리 빼앗아갑니다.

* 질병은 우리를 두렵게 합니다.

갖가지 질병들이 우리를 두렵게 합니다. "암"이란 말만 들어도 두려움과 공포감이 밀려옵니다. 주변에 질병의 두려움을 안고 살아가는 사람들이 너무도 많습니다.

* 불확실한 미래는 우리를 두렵게 합니다.

직장에 대한 두려움, 결혼에 대한 두려움 등 불확실한 내일에 대한 두려움도 우리를 힘들게 합니다. 그래서 이를 극복하지 못한 사람들 중에는 극단적인 선택을 하는 사람도 적지 않습니다.

지금 나를 두렵게 하는 것은 무엇입니까?

오늘 우리 안에 있는 두려움을 몰아냅시다!

2. 두려움을 이기는 가장 큰 힘은 믿음입니다.
이것은 예수님의 특별 처방입니다. 우리를 너무도 잘 아시는 예수님께서 두려움을 이기도록 믿기만 하라고 하셨습니다.

1) 예수님을 믿으십시오!
예수님께서 모든 문제의 해결자이심을 믿는 것이 믿음입니다.
예수님께서 내 인생의 해결자 되심을 믿는 자는 믿는 즉시 두려움이 물러갑니다. 내가 예수님을 유일한 주로 믿는 순간 예수님께서 모든 두려움을 몰아내십니다.

2) 믿음의 사람들은 예수님께서 어디든지 동행하십니다.
믿음의 사람들이 겪고 있는 온갖 두려움의 장소까지 예수님께서 동행하십니다. 나 혼자가 아닙니다. 예수님께서 나와 동행하십니다. 예수님께서 동행하시기에 우리가 두려워할 것은 아무것도 없습니다. 세상의 물과 불, 창과 검을 두려워하지 마시기를 바랍니다.

3) 예수님은 지금 내 곁에서 모든 두려움을 몰아내고 계십니다.
지금 예수님께서 나를 향해 이렇게 선포하십니다. "달리다굼!" 이런 예수님의 음성을 들으면 모든 두려움의 문제들은 다 물러가고 다시 용기를 내어 일어나게 됩니다. 계속 일어나게 됩니다.

청중 결단

죽음의 두려움을 극복합시다!
죽음의 두려움은 천국신앙, 영생신앙을 가질 때 물러갑니다.

* 예수님을 영접하고 구원의 확신을 가집시다.
* 지금 죽어도 천국 간다는 믿음의 확신을 가집시다.
* 이 시간 두려움을 몰아냅시다.
* 지금 영접합시다.
 (다같이 예수님을 영접할 것을 고백하고, 선포하며 축복기도로 마무리).

3
고향 사람들 _ 막 6:1~6

🌿 **본문 핵심 관점 | 권능**

예수님께서 고향으로 가셔서 안식일에 회당에서 가르치시니 많은 사람들이 듣고 놀랐습니다. 이들이 더욱 놀란 것은 자신들이 알고 있던 예수님의 모습이 아니었기 때문입니다.

3절 "이 사람이 마리아의 아들 목수가 아니냐 야고보와 요셉과 유다와 시몬의 형제가 아니냐 그 누이들이 우리와 함께 여기 있지 아니하냐 하고 예수를 배척한지라"

이들은 예수님을 잘 안다고 하면서 예수님을 배척했습니다.
여기서 배척했다는 말은 예수님에 대하여 의구심을 가지고 받아들이지 않았다는 말입니다. 이들의 반응에 대하여 예수님께서도 아주 섭섭해하셨습니다(4절).

5절 "거기서는 아무 권능도 행하실 수 없어 다만 소수의 병자에게 안수하여 고치실 뿐이었고"

설교를 이끄는 관점

예수님께서 거기서 아무런 권능도 행할 수 없었다고 합니다. 다른 곳도 아니고 고향에서 배척을 받으셨다면 그곳 사람들에게 더 권능을 행하셔서 예수님이 어떤 분이신지 본때를 보여주어야 합니다. 그런데 왜 권능을 행하실 수 없었다고 합니까?

* 권능을 행하시지 않으신 것입니까? 아니면 권능을 행할 수 없으셨습니까?

* 권능을 행할 수 없으셨다면 예수님에게 문제가 있는 것처럼 들립니다. 왜 그 곳에서는 권능을 행할 수 없으셨습니까?

* 예수님의 고향은 다른 곳보다 더 많은 권능을 행하셔야 할 곳입니다. 고향에서 권능을 행하시지 않는 것은 고향 사람들을 노골적으로 무시하신 행위입니다. 예수님이 고향에 오신다는 소문을 듣고 기대했던 사람들이 얼마나 실망했겠습니까!
예수님께서 고향에서 권능을 행하실 수 없었다는 말을 어떻게 받아들여야 할까요?

하나님의 목적으로 해결

어찌 예수님께서 고향 사람들을 무시하시겠습니까! 이런 생각을 가지셨다면 처음부터 고향을 찾지도 않으셨습니다. 예수님은 일부러 고향을 찾아가셨습니다. 고향에 있던 많은 사람들에게도 예수님이 누구신가를 보이고 싶으셨습니다. 하지만 고향 사람들은 예수님을 배척했습니다. 그리고 예수님에 대한 신앙도 전혀 보이지 않았습니다.

6절 "그들이 믿지 않음을 이상히 여기셨더라"

예수님은 이들의 모습을 통하여 믿음이 없는 자들은 그가 예수님의 친척이라도 아무런 권능도 행하실 수 없음을 보여주셨습니다. 그들이 믿지 않았기에 예수님도 권능을 행할 수 없으셨습니다.

"믿음이 없는 곳에는 어떤 기적도 일어나지 않습니다. 예수님은 믿음이 없는 자에게는 어떤 기적도 베푸시지 않습니다."

1. 이들은 믿음의 눈으로 예수님을 보지 않았습니다(3절).
예수님을 목수의 아들로만 보았습니다. 예수님을 믿음의 대상으로 받아들이지 않았습니다. 그들은 의구심은 가졌지만 믿음을 가지지 않았습니다.

2. 예수님을 배척한 것은 예수님을 이상한 자로 취급했기

때문입니다.

2절을 보면 그들은 예수님의 가르침과 권능을 보면서 놀랐습니다. 하지만 그들은 "어디서 이런 것을 얻었느냐"며 예수님을 이상한 사람으로 몰고 갔습니다.

3. 믿는 자에게는 기적을 베푸셨습니다(5절).

소수의 병자에게 안수하여 고치셨다는 말은 믿음으로 예수님을 찾아온 소수의 무리들을 의미합니다. 믿는 자는 누구라도 반드시 예수님의 기적을 받습니다. 예수님은 그들의 믿음 없음을 지적하셨습니다(6절).

관점으로 청중 적용

사랑하는 여러분!

1. 믿음의 사람들 중에는 예수님의 권능을 기다리는 사람들이 많습니다. 그런데 왜 예수님의 권능이 우리의 기대만큼 일어나지 않을까요?

나름 예배 참석도 하고, 헌금도 드리고, 시간을 드려서 헌신도 합니다. 그래서 우리는 예수님의 권능과 이적이 당연히 나타나야 된다고 생각합니다.

이런 생각을 가진 사람들도 있습니다. 다른 사람보다 자신이 영적으로 앞선다고 여깁니다. 그래서 자신을 통하여 예수님의 권능이 나타나야만 된다고 여깁니다.

이런 사람들은 권능과 이적이 나타나지 않을 때 시험에 빠지거나 원망과 불평을 합니다. 왜 나에게 이런 일들이 일어나지 않을까? 심각하게 생각하며 슬럼프에 빠지기도 합니다.

이런 사람들은 주의 일을 한다고 하면서도 기쁨이 없습니다.

지금 당신의 모습은 어떻습니까?

2. 믿음이 없는 곳에는 예수님도 기적을 베푸시지 않습니다!

우리의 헌신, 행위보다 앞서야 할 것이 있습니다. 바로 믿음입니다.

1) 믿음은 예수님께서 권능을 베푸시는 근거입니다.

그가 누구라도 믿음이 없으면 아무런 권능을 베푸시지 않습니다. 믿음을 앞세우고 신앙하십시오! 믿음을 앞세우고 움직이십시오!

2) 믿음을 보여드리십시오!

아주 작은 것 하나라도 믿음으로 헌신할 때 이적이 일어납니다.

믿음이 없는 자에게는 그의 몸을 불살라 드릴지라도 아무런 결과를 기대할 수 없습니다. 나의 믿음을 드러내십시오! 믿음은 간직하는 것이 아니라 나타내는 것입니다.

3) 지금도 예수님은 믿음의 사람이 있는 곳마다 권능과 이적을 베푸십니다.

신앙적 태도를 바꾸십시오! 주님 앞에 나아가는 태도를 바꾸십시오!

청중 결단

예배는 적극적인 믿음을 보여드리는 시간입니다.
1) 출석을 잘 합시다!
　　결석, 지각을 하지 말아야 합니다.
2) 예배에 적극적으로 참여합시다.
　　찬송과 아멘을 크게 합시다.
3) 설교는 나에게 주시는 하나님의 말씀임을 믿으십시오.
　　이 시간 주시는 하나님 말씀을 통해서 나에게 권능과 기적이 일어납니다.
4) 삶에서 기적을 체험합시다!

4
별난 여행 _ 막 6:7~13

🌿 본문 핵심 관점 | 아무것도 가지지 말라

예수님께서 지상사역을 하시는 동안 많은 이적과 교훈들을 주셨습니다. 그 중 많은 부분은 우리의 사고로 이해하기 어렵습니다. 오늘 본문도 그 중 하나입니다.

하루는 열두 명의 제자들을 둘씩 보내시면서 이런 명령을 하셨습니다.

8절 "명하시되 여행을 위하여 지팡이 외에는 양식이나 배낭이나 전대의 돈이나 아무것도 가지지 말며"

다른 지역으로 전도 여행을 나가는 제자들에게 아무것도 가지지 말라 하셨습니다.

설교를 이끄는 관점

아니 왜 이런 위험한 요구를 강요하십니까?

다른 곳으로 여행 떠나는 사람이 필요한 것들을 챙기는 것은 반드시 해야 할 일입니다. 아무것도 가져가지 않는다면 아주 곤란한 일을 겪을 수 있습니다. 그리고 필요한 것을 챙기는 것은 각자 알아서 할 일입니다. 예수님께서 이런 것까지 간섭하실 필요는 없습니다.

* 제자들은 휴식과 볼거리를 위한 길 떠남이 아닙니다.

목적 있는 특별한 여행입니다. 전도를 목적으로 불특정 다수를 만나기 위해서 떠나는 여행입니다. 굳이 여행이라기보다는 고생길을 나서는 것입니다. 이런 상황에서 필요한 것들마저 챙겨가지 말라는 것은 너무한 처사입니다.

* 지금 이들은 불안하기 짝이 없습니다.

어디로 가야 할지 모릅니다. 누구를 만나야 할지도 모릅니다. 어디서 자야 할지, 무엇을 먹어야 할지, 이들을 위하여 준비 된 것은 아무것도 없습니다. 이런 사실을 누구보다도 잘 아시는 분은 예수님이십니다.

* 왜 아무것도 가져가지 말라고 하십니까?

일부러 제자들을 골탕 먹이려고 이러실까요? 아니면 혹독한 고생이라도 시키시려는 것일까요? 길 떠나는 제자에게 왜 아무것도 가져가지 말라고 하셔서 이들을 불안하게 하실까요?

여러분 같으면 이런 상황에서 아무것도 가져가지 않을 수 있 겠습니까?

* 예수님께서 가져가지 말라고 하는 것들은 꼭 필요한 것들 입니다.

먼 길을 떠나는 이들에게 양식이나 배낭은 필수품입니다. 더구나 무슨 일이 일어날지 모르는 상황에서 얼마의 비상금은 절대로 빠뜨려서는 안 됩니다. 언제 돌아올지도 모르는데 두 벌 옷도 가져가지 말라니 생각할수록 기가 막힙니다.

아무것도 가져가지 말라는 예수님의 말씀을 듣고서 누가 떠나 겠습니까?

여러분 같으면 떠날 수 있겠습니까?

다른 목적도 아니고 전도를 목적으로 떠나라 하시면서 이다지 도 야박하게 하시는 이유는 무엇입니까?

하나님의 목적으로 해결

제자들이 전도의 목적을 달성하도록 도우시려는 것입니다.

한마디로 전도가 되게 하시려는 것입니다. 그래서 제자들이 실패하지 않도록 미리 조치를 취하셨습니다.

예수님께서 제자들에게 아무것도 가지지 말라고 말씀하신 이유는 제자들의 지나친 치장이나 화려한 모습 그리고 물질을 앞세운 공세들은 복음의 본질을 무너뜨리고 그 능력을 저하시킬 수 있습니다. 전도 현장에 오직 복음의 능력이 나타나도록 아무 것도 가져가지 말라 하셨습니다.

1. 그래서 예수님은 전도현장에 나가는 제자들에게 먼저 권능을 주셨습니다.

7절 "열두 제자를 부르사 둘씩 둘씩 보내시며 더러운 귀신을 제어하는 권능을 주시고"

여기서 권능이란 예수님의 권세입니다. 예수님은 제자들에게 더러운 귀신을 제어할 수 있는 권능을 주셨습니다. 이 권능만 있으면 아무것도 가져가지 않아도 전도가 되기 때문입니다. 복음 전도 현장에는 예수님의 권능이 나타나야 합니다. 전도자는 예수님의 권능을 나타낼 때 전도의 결과를 기대할 수 있습니다.

2. 권능이 나타나면 아무것도 가져가지 않아도 모든 것이 공급됩니다(10-11절).

"또 이르시되 어디서든지 누구의 집에 들어가거든 그곳을 떠나기까지 거기 유하라 어느 곳에서든지 너희를 영접하지 아니하고 너희 말을 듣지도 아니하거든 거기서 나갈 때에 발 아래 먼지를 떨어버려 그들에게 증거를 삼으라 하시니"

예수님의 권능으로 치유와 회복을 받은 자들이 전도자들을 위하여 섬김을 다하도록 예비하셨습니다. 만일 예수님의 권능을 받고도 전도자를 박대하는 자들이 있다면 반드시 심판하라고 당부하심으로 전도자들이 아무것도 가지지 않아도 안심할 수 있게 하셨습니다.

3. 말씀대로 아무것도 가져가지 않았을 때 권능이 나타났습니다(12-13절).

"제자들이 나가서 회개하라 전파하고 많은 귀신을 쫓아내며 많은 병자에게 기름을 발라 고치더라"

"제자들이 나가서." 제자들은 아무것도 가지지 않고 나갔지만 이들이 나가서 전도할 때 권능이 나타났습니다. 이들은 "회개하고 예수님을 믿으라"고 외치며 전도했습니다. 복음을 외치던 제자들을 통하여 귀신이 떠나고 병자들이 낫는 권능이 나타났습니다.

이들이 아무것도 가지지 않고 예수님만을 붙들고, 예수님으로 전도할 때, 예수님께서 권능으로 복음의 열매를 맺게 하셨습니다.

관점으로 청중 적용

사랑하는 여러분!

1. 오늘 우리는 아무것도 가지지 않아서 주님의 일을 할 수 없다고 합니다. 특히 전도하기 위해서 더더욱 많은 것을 가져

야 한다고 합니다.

* 아무것도 없는 교회들은 전도가 어렵다고 합니다.
이런 교회의 목회자와 성도들은 아무것도 없어서 힘들어합니다. 전도 해보려고 온갖 방법들을 찾지만 결국은 가진 게 없어서 제자리걸음만 한다고 원망합니다. 이들에게 아무것도 가지지 말라는 오늘 말씀은 아마도 큰 상처가 될지도 모릅니다.

* 아무것도 없이는 복음의 열매가 맺히지 않는다고 합니다.
아무것도 가지지 않은 자들이 이것저것을 해보지만 결과는 말하기조차 싫습니다. 오랜 기간 동안 이런 결과를 반복해온 교회와 성도들은 이제 전도의 의욕조차 없습니다.

* 정말 양식이 없어서, 배낭이 없어서, 옷이 없어서 아니 돈이 없어서 전도가 되지 않을까요?
따지고 보면 이런 것들은 우리에게 다 있었습니다. 더 솔직히 말하자면 우리는 이런 것들을 앞세워야 전도가 된다고 생각합니다. 그래서 이런 것들을 가지려고 도움 받고 헌금도 했습니다.

그런데 왜 우리는 전도가 어려울까요? 한마디로 우리는 너무 많이 가지고 있어서 그렇습니다.

2. 우리가 가진 것들이 예수님의 권능을 방해하기 때문입니다.

우리는 전도의 방법과 이벤트에 사로잡혀서 예수님의 권능을 잃어버렸습니다. 가지지 말아야 할 것을 너무 많이 가져서 예수님의 권능을 필요로 하지 않습니다.

1) 전도 현장에 더 이상 예수님은 계시지 않습니다.

호떡과 커피, 사탕과 온갖 선물들이 예수님의 자리를 대신합니다. 귀신이 들린 자가 와도 호떡만 먹고 갑니다. 병자가 와도 커피만 마시고 갑니다. 전도 현장 어디에도 예수님도, 예수님의 권능도 존재하지 않습니다.

2) 전도는 예수님의 권능이 나타나야 결실합니다.

예수님은 전도자에게 권능을 주셨습니다. 예수님의 권능은 아무것도 가지지 않은 자, 오직 예수님만을 앞세운 자에게 나타납니다. 권능이 임해야 합니다. 예수님의 권능으로 귀신을 제어하고 병자들을 치유해야 전도가 됩니다.

예수님 외에는 아무것도 가지지 않아야 권능이 나타납니다.

오직 믿음으로 예수님만을 전하면 권능이 나타납니다. 전도자는 권능을 받고 그것을 나타내야 합니다.

3) 예수님은 전도 현장에서 기적을 주십니다.

아무것도 가지지 않았지만 귀신이 제어되고 병자가 일어나는 기적을 전도자들이 체험했습니다. 예수님께서 그들과 함께 하셨기 때문입니다. 지금도 예수님은 전도 현장에 기적을 주십니다. 믿고 나가는 자는 기적을 받습니다.

청중 결단

전도는 아무나 할 수 있습니다.
전도자는 누구나 권능을 받습니다.

전도하기 위하여 권능을 선포하십시오!
반드시 예수님의 권세로 결실하게 됩니다.

복음을 선포합시다!
예수를 선포합시다!
예수 권세를 선포합시다!

전도자의 먹을 것과 입을 것, 마실 것 그리고 모든 것을 책임지십니다!

5
이상한 죽음 _ 막 6:14~29

🌿 **본문 핵심 관점** | 옳지 않다

　헤롯 왕은 로마 연대로 750년에 그의 생식기와 창자를 벌레가 먹어서 죽은 것으로 유대 역사가 요세푸스에 의해 기록되고 있습니다. 그는 37년간 왕위에 있었고 70세에 죽었습니다. 그는 자신의 죽음이 임박함을 알고 자살하려 했으나 뜻을 이루지 못한 것으로 알려지고 있으며, 헤롯이 죽은 후에 로마 황제 아구스도의 명령대로 헤롯의 세 아들이 그 부친의 나라를 나누어 갖습니다.

　아켈라오는 유대와 사마리아와 에돔을, 안디바는 갈릴리와 베레아를, 빌립은 이두매와 드라고닛 지방들을 각각 차지했습니다. 아켈라오는 9년이 지난 후 아구스도의 명령으로 퇴위하고 유대에 빌라도 총독이 오게 됩니다.

본문에 등장하는 헤롯은 갈릴리와 베레아를 통치했던 헤롯 안디바입니다. 그는 동생 빌립의 아내와 부적절한 관계를 가졌고 그녀와 결혼하기 위해서 아내를 버렸습니다. 빌립도 이 사실을 알고 아내 헤로디아와 이혼했습니다.

그러자 헤롯은 곧바로 빌립과 이혼한 헤로디아와 결혼했습니다. 절차는 그럴듯했으나 헤롯은 동생의 아내를 탈취했고 자신의 탐욕을 채우기 위해서 아내를 버린 것이 분명했습니다. 하지만 아무도 이런 헤롯의 잘못된 행실을 말하지 못했습니다.

하지만 세례 요한은 달랐습니다. 헤롯 왕의 이런 행동이 왕으로서 잘못된 행실이며 백성들 앞에서 본이 되지 못한 것임을 지적하고 종교적인 규범과 도덕을 내던진 헤롯의 회개를 촉구했습니다. 이 말을 들은 헤롯은 분이 났고 세례 요한을 향한 미움이 극에 달했지만 세례 요한에 대한 민중들의 생각을 알기에 어쩔 수 없이 죽이지는 못하고 옥에 가두었습니다.

그 후 얼마 안 되어서 헤롯의 생일에 헤로디아의 딸이 춤을 추어 헤롯의 마음을 사로잡자 감정을 통제하지 못한 헤롯은 어린 딸아이에게 충동적인 말을 던졌습니다.

"무엇이든지 원하는 것을 다 주겠다."

영문을 모르는 딸아이는 어미에게 이 사실을 전했고 그 어미는 "세례 요한의 목을 소반에 담아서 달라"고 요구하도록 했습니다. 이는 세례요한이 자신의 치부를 드러냄으로 공개적으로 망신을 당한 헤로디아의 복수였습니다.

예상치 못한 딸의 요구는 헤롯을 당황하게 했지만 공개적으로

한 말을 어길 수 없기에 하는 수 없이 세례 요한의 목을 소반에 담아서 아이에게 갖다주게 했습니다. 졸지에 요한은 헤롯의 잔칫날 제물이 되었습니다.

설교를 이끄는 관점

여러분 세례 요한이 누구입니까?
그는 예수님의 길을 예비한 자로 예수님을 세상에 처음 소개하였고 예수님께 세례도 베풀었습니다. 그는 예수님이 하나님의 아들이심을 온 천하에 드러낸 특별한 사명을 담당했던 자입니다. 이런 요한이 복음 증거의 현장에서 목숨을 잃은 것이 아니라 겨우 헤롯의 잔칫날 어린 딸아이 재롱의 대가로 목숨을 잃다니 말이 됩니까!

그가 보여주었던 강하고 단호한 선지자의 모습은 어디로 가고 이런 어처구니없는 종말을 맞았단 말입니까! 그를 믿고 따르던 수많은 사람들은 얼마나 허무했겠습니까! 다른 사람도 아니고 세례 요한이 이렇게 죽다니 그를 알고 있었던 수많은 사람들은 믿을 수 없는 사실에 놀라지 않을 수 없었을 것입니다.

여러분은 이런 세례 요한의 죽음을 어떻게 생각하십니까?
좀 더 이상한 부분이 있습니다. 12절에 보면 "요한의 제자들이 시체를 가져다가 장사하고 가서 예수께 아뢰니라"고 했습니다. 누군가 예수님께 세례 요한의 죽음을 전달했습니다. 그런데 예수님께서는 아무 말도 하지 않으셨습니다. 성경은 세례 요한의 죽음에 대한 예수님의 반응을 전혀 기록하지 않고 있습니다. 다른 사람은 몰라도 요한의 제자들은 예수님의 반응을 기대했을 것입니다.

왜 예수님은 아무 말씀도 하지 않으셨을까요?

하나님의 목적으로 해결

우리의 생명은 하나님께서 주장하십니다. 하나님의 결재 없이는 풀 한 포기도 뽑힐 수 없습니다. 그렇다면 세례 요한의 죽음도 하나님의 간섭이 있었음을 믿어야 합니다. 예수님께서 침묵하신 것은 그의 죽음을 이미 알고 계셨기 때문입니다.

사람들이 놀란 것은 세례 요한의 죽음보다 그가 죽임을 당한 방법 때문입니다. 하지만 하나님은 세례 요한이 무엇 때문에 죽었는가를 보여주십니다. 하나님은 세례 요한의 죽음을 주목하고 계셨습니다.

"여자가 낳은 자 중에 세례 요한보다 큰 자가 없다"고 말씀하셨는데 어찌 세례 요한의 죽음을 모르셨겠습니까? 세례 요한은 하나님이 보내신 사명대로 산 사람입니다. 사명을 다하다가 옥에 갇혔고 사명을 다했기에 죽임을 당했습니다. 그는 잘못 된 것을 잘못되었다고 옳은 말을 하다가 죽었습니다. 아무도 잘못된 것을 잘못이라고 말하지 않을 때 그는 참말을 하다 죽었습니다.

이것이 하나님 사람의 사명입니다.

세례 요한은 헤로디아의 미움으로 죽은 것이 아니라 사명을 감당하다 죽었습니다. 그는 죽도록 충성한 자였습니다. 예수님께서 그의 죽음에 침묵하신 것은 그가 잘 죽었기 때문입니다. 더 이상 할 말이 없이 잘 죽었기 때문입니다.

1. 그는 사명대로 잘못된 신앙과 행실을 지적하고 회개를 촉구했습니다.

2. 이런 그의 사명은 헤롯도 예외가 될 수 없었습니다.

3. 그는 (예비했던 예수님께서 사역을 시작하셨기에) 사명을 다하고 죽었습니다.
그가 죽임당한 방법은 안타깝지만 그의 죽음은 영광스런 죽음이요 거룩한 순교였습니다.

관점으로 청중 적용

사랑하는 여러분!

1. 죽음을 피할 수 있는 사람은 아무도 없습니다.
우리 모두는 매일 죽음을 향하여 조금씩 나아가고 있습니다. 죽음을 당하는 방법은 여러 가지입니다. 질병이든, 사고든,

자연사든 우리는 반드시 죽습니다. 사람들은 어떻게 죽느냐에 관심이 많습니다. 죽음에 이르는 방법 때문에 노심초사하고 두려워합니다.

죽음에 이르는 방법은 중요하지 않습니다.
방법은 우리를 데려가는 과정일 뿐 그 이상의 의미는 없습니다.

문제는 방법이 아니라 무엇을 위하여 죽었는지가 중요합니다.
어떤 삶을 살다가 죽었는지가 중요합니다.
죽음이후 하나님과 사람들의 반응이 중요합니다.

2. 죽음을 두려워하지 마십시오!
죽음을 두려워하는 것은 불신앙입니다.

1) 믿음은 죽음을 이기는 능력입니다.
죽음보다 더 두려워해야 할 것은 죽음 이후 멸망에 떨어지는 것입니다.
예수님을 믿는 자는 죽음을 두려워하지 않습니다. 죽음 이후 천국에서 영생함을 믿기 때문입니다. 예수님을 믿고 죽음의 두려움에서 해방되시기를 바랍니다.

2) 사명을 위해 죽도록 충성하십시오!
사명을 마치기 전에는 하나님이 부르시지 않습니다. 사명을 다하는 삶은 사라지지 않는 삶이며 영원히 기억되는 삶입니다. 지금 내게 주어진 사명 앞에서 어떤 삶을 살고 있는지 점검하십시오. 사명으로 사는 자는 죽었으나 산 자입니다.

3) 교회는 사명자를 세우는 곳이요, 사명을 진행하는 곳이요, 사명을 마치고 주께로 돌아가는 곳입니다. 사명자가 죽어야 할 현장은 교회입니다.

청중 결단

오늘 주신 사명을 위하여 기도합시다!
* 나의 사명을 재확인하고,
* 어떤 상황에도 무너지지 않도록 무장합시다.
* 죽도록 사명을 감당합시다.
* 오늘부터 다시 사명의 자리로 돌아갑시다.

사명대로 살면,
* 존귀하고 복된 자로 인정받습니다.
세례 요한은 "여자가 낳은 자 중에 가장 큰 자"였습니다. 우리도 이런 자로 인정하시고 존귀하게 하십니다.
* 자손이 복되고 형통합니다.
귀하고 복된 것을 피 흘리며 땀 흘리며 심었으니 형통한 열매들로 채워 주십니다.
* 이 땅과 하늘에서 상급이 넘쳐납니다.
사명을 감당하기 위해서 버린 것이 있다면 현세에 백 배나 주시며 내세에 상 받지 못할 자가 없다고 하셨습니다.

6
지금 놓치고 있는 것 _ 막 6:45~52

본문 핵심 관점 | 그 마음이 둔하여

　뱃세다 들판에서 일어난 오병이어의 기적은 많은 사람들에게 예수님이 누구신가를 알게 하는데 충분했습니다. 급기야 떡을 먹은 수천 명의 군중들은 이참에 예수님을 임금 삼아서 자신들의 필요를 채워야겠다고 생각하고 예수님을 향하여 달려들기 시작했습니다.

　이 사실을 아신 예수님은 제자들을 재촉하시어 군중들이 쉽게 접근 할 수 없는 바다로 나아가게 하셨습니다.

　제자들은 즉시 배를 띄워 건너편으로 출발했고 예수님은 산으로 이동해 기도하셨습니다. 아우성치던 무리와 헤어진 제자들이 한숨 돌리며 여유를 찾을 때 주변은 저물어가고 있었습니다.

제자들을 싣고 가던 배가 바다 한가운데 이르렀을 때 갑자기 바람이 일어나기 시작하더니 짧은 시간에 제자들이 어찌 할 수 없을 만큼 힘겨운 상황으로 변해버렸습니다. 이미 주변은 어둠이 내렸고 도움을 청할 만한 곳도 없었습니다.

예기치 않은 상황에 모두가 목숨의 위협을 느끼며 당황하는 모습이 역력했습니다. 어둠이 내려앉은 초저녁부터 밤 사경까지 열 시간이 넘는 시간을 바람과 사투를 벌였던 제자들의 현장은 공포와 두려움으로 가득했습니다.

설교를 이끄는 관점

그런데 본문을 자세히 보시면 이상한 부분이 나옵니다.

48절 "바람이 거스르므로 제자들이 힘겹게 노 젓는 것을 보시고"

예수님께서 처음부터 제자들이 겪고 있던 상황을 알고 계셨다는 말입니다. 제자들이 겪은 그 위험한 시간들을 예수님께서 그냥 보고만 계셨다는 말입니다.

말이 되는 이야기입니까? 다른 분도 아니고 예수님께서 이러실 수는 없습니다. 가장 먼저 달려가서 도와주어야 할 예수님께서 그냥 보고만 계셨다니 왜 그러셨는지 이해할 수 없는 일입니다. 죽음의 공포를 느끼며 처절하게 몸부림치던 제자들을 열 시간 가까이 왜 보고만 계셨을까요?

제자들 대부분은 바다에 익숙한 어부들입니다. 그래서 이런 상황쯤이야 능히 이겨내리라고 믿고 지켜보신 것일까요? 아니면 밤바다 한가운데서 제자들을 특별 훈련이라도 시키신 것일까요? 끝내 바람과 파도를 이겨내지 못하고 배가 좌초되어 극단적인 상황이라도 생겼다면 그 책임은 누가 져야 합니까?

제자들이 이 사실을 알게 된다면 크게 실망할 것입니다.
다른 분도 아니고 스승이신 예수님께서 자신들을 죽음의 위기에서 건져내려 하지 않고 그냥 지켜보기만 하셨다는 것을 안다면 예수님에 대한 모든 기대가 무너질 것입니다.

예수님에 대한 나쁜 소문들이 퍼질 것입니다.
제자들이 죽음의 위기에서 두려움에 떨고 있을 때 그냥 지켜보셨던 예수님의 행동을 사람들은 비난하고 달려들 것입니다.

그런데 48절을 보면 더 이상한 부분이 나옵니다.
"밤 사경에 바다 위로 걸어서 그들에게 오사 지나가려고 하시매"
저물 때부터 제자들의 상황을 지켜보시던 예수님은 밤 사경에 이르러서 제자들의 힘겨운 현장을 찾아오셨습니다. 일경부터 밤 사경까지 지켜보시다 드디어 그들에게 찾아가셨습니다.
그런데 "그들에게 오사 지나가려고 하시매"라는 이 말은 지금껏 지켜보시다가 사경에 이르러서 물 위로 걸어오신 예수님이

2부 마가복음 5~10장 125

이번에는 제자들을 모른척 그냥 지나가려고 하셨습니다.

예수님의 이런 행동은 이해할 수 없습니다.
일경부터 사경까지 거의 열 시간 가까이 지켜보시다가 오셨는데 이번에는 왜 또 그냥 지나치려 하십니까? 밤새 지친 제자들의 모습이 얼마나 고단했겠습니까? 제자들의 힘겨운 현장까지 오셨으면 그들의 문제를 해결해주셔야지 왜 그냥 가시려고 합니까? 정말 이해할 수 없는 예수님의 행동이 거듭되고 있습니다.

여러분은 이런 예수님의 행동이 이해가 되십니까?

하나님의 목적으로 해결

예수님은 모든 문제의 해결자이십니다.
예수님이 함께하시면 언제, 어디서, 어떤 문제가 일어난다 해도 걱정할 것이 없습니다. 예수님께서 이런 행동을 하실 때는 이유가 있기 때문입니다.

본문에 그 답이 있습니다.

52절 "이는 그들이 그 떡 떼시던 일을 깨닫지 못하고 도리어 그 마음이 둔하여졌음이러라"
여기서 "제자들의 마음이 둔하여졌다" 함은 제자들의 신앙에 문제가 있음을 의미합니다. 풍랑을 만난 제자들은 불과 몇 시간

전 오병이어의 기적을 체험했습니다. 예수님이 어떤 분이신가를 체험했습니다.

그런데 바람 때문에 두려움에 사로잡혀 예수님이 어떤 분이신지 잊어버렸습니다. 언제, 어디서나 함께하시며, 무슨 일이든지 해결하시는 예수님을 잊어버렸습니다. 풍랑과 파도에 사로잡혀 예수님에 대한 생각조차도 하지 못했습니다. 그곳에 있던 사람 모두 예수님을 놓쳐버렸습니다.

1. 예수님은 처음부터 제자들이 예수님을 찾을 때까지 지켜보고 계셨습니다.

일경에서 사경에 이르도록 열 시간이 넘도록 기다리셨지만 아무도 예수님을 찾지 않았습니다. 열 시간이 넘게 예수님은 제자들을 지켜보시며 돌보고 계셨습니다. 예수님께서 돌보시지 않았다면 그들은 사경까지 버티지 못했습니다.

2. 물 위를 걸어오심으로 예수님께서 누구신가를 다시 한번 보여주셨습니다.

하지만 그들은 예수님을 잊어버렸기에 유령인 줄 알고 놀라 어찌할 줄 몰랐습니다. 그 시간에 예수님께서 자신들을 도우시려고 물 위를 걸어서 오셨다는 생각을 아무도 하지 못했습니다.

3. 그들 곁을 그냥 지나치려 하신 것은 끝까지 예수님을 붙잡으라는 사인입니다.

그러나 그들은 끝까지 예수님을 알아보지 못했습니다. 마침내 예수님께서는 "내니 두려워하지 말라" 하시면서 배에 오르셨습니다.

이런 제자들의 모습은 위기 앞에서 예수님을 놓친 믿음 없는 모습입니다. 예수님은 언제 어디서나 우리를 도우시는 분입니다. 24시간 한순간도 예수님을 잊어버리면 안 됩니다.

관점으로 청중 적용

성도 여러분!

1. 문제 없는 곳은 없습니다. 문제는 어디에나 있습니다.
문제보다 더 심각한 것은 해결의 시간이 길어지는 것입니다.

문제에 파묻혀서 해결의 방법을 잊어버리는 것은 문제입니다. 자신의 힘으로 해결할 수 있다는 자만과 의욕은 해결의 방법을 놓칠 수 있습니다. 해보는 데까지 해보자는 식의 삶은 해결의 시간을 놓칠 수 있습니다. 자신의 경험과 지식을 앞세우는 자는 진짜 해결자를 놓칠 수 있습니다.

지금 문제 앞에 서 있는 나의 모습을 살펴보시기 바랍니다.
믿음의 모습은 어디론가 사라져버리고 자신의 경험과 방법만을 붙들고 있지는 않습니까?
한 번 더 자신을 돌아보십시오!
해결되었다고 여겼던 문제들이 또다시 고개 들고 우리를 힘들게 하지는 않습니까? 이런 사람들은 근본적인 해결이 필요합니다!

2. 예수님을 놓치지 마십시오! 예수님이 오시면 됩니다.

문제 중심의 삶을 벗어나야 합니다. 문제보다 더 심각한 것은 예수님을 잃어버린 삶입니다. 지금 내 인생에 예수님께서 어디에 계신지를 살펴보시기 바랍니다.

1) 모든 문제는 예수님께서 해결하십니다.

믿음으로 예수님을 붙들고 예수님 중심의 삶으로 다시 시작해야 합니다. 예수님 중심의 삶이 아니면 근본적인 해결은 없습니다.

지금 믿음으로 예수님을 찾고 붙잡으십시오!

2) 문제의 장소, 두려움의 장소에서 예수님을 부르십시오!

예수님은 문제의 장소에서 우리가 예수님을 부르기를 기다리고 계십니다. 우리가 예수님을 부르면 예수님은 물 위를 걸어서라도 내게 오십니다. 문제 없는 사람은 아무도 없습니다. 그러나 예수님을 부르는 자는 많지 않습니다.

지금 당장 예수님을 부르십시오!

3) 예수님은 반드시 나를 찾아오십니다.

예수님이 오시면 바람도, 파도도 해결됩니다.
불가능의 현실이 바뀝니다.

더 큰 기적의 삶으로 나아가게 됩니다.
기적의 주인공으로 살게 됩니다.

청중 결단

예수님을 부르는 장소, 예수님이 달려오시는 장소는 교회입니다.
예수님은 교회에서 부르짖는 소리에 주목하십니다.
교회는 예수님을 부르도록 지정하신 장소입니다.

7
장로들의 전통 _ 막 7:1~23

🌿 **본문 핵심 관점 | 전통**

예수님을 향한 공격이 쉬지 않고 계속되고 있습니다. 예루살렘에서 예수님을 훼방하러 온 바리새인들과 서기관들이 또다시 예수님의 제자들을 물고 늘어졌습니다.

2절 "그의 제자 중 몇 사람이 부정한 손 곧 씻지 아니한 손으로 떡 먹는 것을 보았더라"

예수님의 제자들 중 몇 사람이 부정한 손 곧 씻지 않은 손으로 떡을 먹다가 이들에게 걸려들었습니다.

3-4절 "바리새인들과 모든 유대인들은 장로들의 전통을 지키

어 손을 잘 씻지 않고서는 음식을 먹지 아니하며 또 시장에서 돌아와서도 물을 뿌리지 않고서는 먹지 아니하며 그 외에도 여러 가지를 지키어 오는 것이 있으니 잔과 주발과 놋그릇을 씻음이러라"

유대인들은 장로들의 전통에 따라서 손을 씻지 않고서는 음식을 먹지 않았습니다. 이런 유대인들의 전통은 아주 오랫동안 지켜져 온 것입니다.

설교를 이끄는 관점

제자들은 이런 장로들의 전통을 잘 알고 있던 자들입니다. 그런데 왜 유대인들 모두가 지키는 장로들의 전통을 지키지 않았습니까?
더구나 예루살렘에서 온 바리새인들과 서기관들이 예수님을 공격하려는 의도가 있음을 제자들이 알고 있었습니다. 그렇다면 더욱 조심해서 행동하고 예수님께 피해가 되는 행동을 하지 말아야 했습니다. 이런 제자들의 행동은 신중하지 못한 행동입니다.

보십시오!

5절 "이에 바리새인들과 서기관들이 예수께 묻되 어찌하여 당신의 제자들은 장로들의 전통을 준행하지 아니하고 부정한 손으

로 떡을 먹나이까"

바리새인들과 서기관들이 예수님을 향하여 날을 세우고 공격하지 않습니까?

예수님의 입장이 얼마나 난처하셨겠습니까?

제자들의 실수와 가벼운 행동 때문에 예수님께서 공개적인 공격을 받으시니 제자들도 난처하기는 마찬가지였습니다. 그렇다면 제자들의 이런 행동을 예수님께서 모르셨을까요? 아니면 알고도 가만두셨을까요?

5절에 바리새인들과 서기관들이 예수님께 따져 묻는 것을 보면 예수님께서 아시고도 방관하신 것을 문제 삼은 것입니다. 정말 예수님은 제자들이 장로의 전통을 무시하는 것을 알고도 그냥 두셨을까요?

하나님의 목적으로 해결

맞습니다! 예수님은 모든 것을 알고 계셨습니다.

바리새인들의 눈초리와 제자들의 실수를 모두 아시고 침묵하셨습니다. 장로들의 전통은 바리새인과 서기관들이 백성들을 잘못된 길에 빠뜨리는 함정이었기 때문입니다.

이들의 문제는 두 가지입니다.

하나는, 이들은 사람들 앞에서는 거룩함과 경건을 내세우는 자들이었지만 하나님 앞에서는 철저한 위선자들이었습니다.

또 하나는, 이들은 사람의 전통을 지킨다는 명분을 내세워 하나님의 말씀을 폐하고 무시하는 범죄자들이었습니다.

이들의 외식과 위선은

1. 사 29:13 - 입술로만 하나님을 공경할 뿐 행동은 거짓되었고 하나님을 버린 행위를 하던 자들이었습니다.

2. 출 20:12 - 전통을 앞세워 의무와 책임도 회피했습니다.
자신들의 전통을 지킨다는 명분을 내세워 마땅한 의무와 책임을 회피하고도 전혀 죄의식을 갖지 않았습니다.

3. 18-19절 - 그래서 예수님은 이들을 향해 음식을 핑계로 내면의 숨겨진 죄악을 외면하는 외식을 버리라고 경고하셨습니다.
사람을 더럽게 하는 것은 음식이 아님을 지적하심으로 이들이 얼마나 모순된 자인지를 모두에게 알리셨습니다(21-22절).

관점으로 청중 적용

사랑하는 여러분!

1. 지금 내 신앙의 모습은 어떻습니까?
내가 목숨 걸고 지키는 신앙의 전통은 무엇입니까?
신앙의 본질은 외면한 채 눈에 보이는 것들만을 따지던 바리새인과 서기관들의 모습이 내 모습은 아닙니까?

 * 우리 안에도 장로들의 전통과 같은 것들이 있습니다. 그래서 자신들이 정해 놓은 그것을 지키느냐 안 지키느냐에 따라서 형제를 함부로 정죄하고 비난합니다.

 * 때로는 무엇을 입을 것인가에 대한 규칙을 내세우기도 하며, 무엇을 먹을 것인가 말 것인가에 대해서도 아주 단호한 입장을 취하기도 합니다.

 이런 일을 경험한 사람들은 매우 황당해합니다.
 자신의 신앙과 상관없어 보이는 일부분만으로 판단을 받기 때문입니다.

 ### 2. 신앙의 외식, 껍데기를 버려야 합니다.
 예수님의 눈은 우리의 겉모습만을 주목하시지 않습니다.

 1) 사람의 시선을 의식하지 마십시오.
 사람을 의식하다보면 신앙의 본질보다 겉모습을 더 신경 쓰게 됩니다. 결국 외식적인 유혹에 무너지게 됩니다.
 신앙의 중심이 흔들리지 않도록 주의하십시오.

 2) 믿음으로 행동하십시오.
 믿음은 모든 외식의 껍데기를 벗는 유일한 방법입니다.
 하나님은 믿음으로 행동하는 자를 주목하십니다.

믿음을 앞세워서 모든 외식자들의 비난과 판단을 이겨내십시오. 믿음의 사람들을 무너뜨릴 수 있는 것은 아무것도 없습니다.

3) 하나님은 나를 주목하십니다.
하나님의 시선이 24시간 나를 떠나지 않습니다.
하나님의 시선은 나를 판단하려는 시선이 아닙니다.
하나님의 눈은 나를 돌보고 살펴주시려는 보호와 사랑의 눈길입니다.

청중 결단

신앙을 가장한 세상 풍습들을 버립시다!
우리 안에 내재된 세상 풍습들은 우리를 무너뜨리는 사탄의 손길입니다. 누구도 의식하지 말고 단호하게 무너뜨려야 합니다.

8
수로보니게 여인 _ 막 7:24~30

본문 핵심 관점 | 침묵과 멸시

예수님께서 두로와 시돈 지방으로 들어가셔서 한 집에 거하셨습니다. 헬라인이요 수로보니게 족속의 한 여인이 딸의 문제를 가지고 와서 예수님의 발 아래 엎드려 소리지르며 애원합니다.

이 여인의 딸은 흉악한 귀신이 들렸습니다. 이 여인의 태도를 보아 딸의 문제가 보통 심각한 상황이 아닌 듯합니다. 얼마나 다급했으면 예수님의 발아래 엎드려 사정을 했겠습니까?

어떻게 해 주셔야 합니까?
어서 가서 고쳐 주셔야 합니다.

설교를 이끄는 관점

그런데 예수님의 반응은 전혀 아닙니다.
예수님은 이 여인의 안타까운 사정을 다 들으셨음에도 딴소리만 하셨습니다. 예수님은 이 어미의 문제를 해결하실 생각이 전혀 없으신 것처럼 말씀하셨습니다.

27절을 보십시오!
"자녀의 떡을 취하여 개들에게 던짐이 마땅치 아니하니라"

이는 예수님께서 이 여인을 개처럼 여긴다는 말입니다.
이건 이 여인을 대놓고 무시하고 업신여기는 말입니다. 이 여인의 인격과 자존심 따위는 전혀 생각하지 않으신 말씀입니다. 오히려 노골적으로 이 여인을 멸시하고 모욕하는 말입니다.

귀신에 들려서 절규하는 딸자식을 살려보겠다고 애원하는 어미에게 이렇게 대놓고 무시하고 멸시하다니 예수님이 이런 분인 줄 알았다면 예수님께 절대로 오지 않았을 것입니다. 예수님만을 기대하고 단숨에 달려왔던 이 여인은 하늘이 무너져 내렸을 것입니다.

이런 예수님을 지켜보던 주변 사람들의 반응은 어땠을까요?
느닷없는 예수님의 말씀을 듣고 놀라는 사람들의 실망스런 눈빛과 수군거리는 소리들이 여기저기서 그치지 않았을 것입니다.

다른 분도 아니고 예수님께서 이럴 수는 없습니다.

많은 사람들이 보고 듣는 공개적인 장소에서 이런 말도 안 되는 언어 폭력을 하다니 도저히 이해할 수 없는 일입니다.

왜 예수님은 이 여인에게 이다지도 냉정하신 것일까요?

하나님의 목적으로 해결

우리가 믿는 예수님은 문제를 가지고 나온 사람들을 무시하고 멸시하시는 분이 아닙니다. 예수님은 우리의 문제를 해결하시려고 우리 곁에 오셨습니다. 예수님께서 이 여인에게 이러시는 것은 이유가 있습니다.

결과를 보십시오!
29-30절 "예수께서 이르시되 이 말을 하였으니 돌아가라 귀신이 네 딸에게서 나갔느니라 하시매 여자가 집에 돌아가 본즉 아이가 침상에 누웠고 귀신이 나갔더라"

예수님은 이 여인의 문제를 그 자리에서 해결해 주셨습니다. 결국은 예수님이 해결을 주시려고 일부러 그렇게 한 것입니다. 예수님은 이 여자의 신앙을 모든 사람들에게 드러내고 싶으셨기 때문입니다.

이 여인의 어떤 신앙을 드러내고 싶으셨을까요?

이 여인은 문제 해결의 과정에서 찾아오는 시련을 이겨내는 믿음을 가졌습니다. 믿음으로 끝까지 해결을 받아낸 이 여인의 신앙을 모두에게 보여주고 싶으셨습니다.

우리도 이 믿음을 가져야 해결 받을 수 있기 때문입니다.

1. 이 여인은 많은 시련을 겪었습니다.

딸이 귀신 들린 것이 가장 큰 시련이었고, 이방 여인으로 예수님을 만나는 것이 쉽지 않은 것도 시련이었고, 무엇보다 겨우 겨우 만난 예수님의 모욕과 멸시는 너무도 큰 시련이었습니다. 이 시련들은 순간순간 이 여인을 너무도 고통스럽게 했습니다.

2. 이 여인은 시련을 이겨내려고 움직였습니다.

이 여인은 귀신 들린 딸의 시련을 이겨내려고 온갖 노력을 다 했을 것입니다. 이 여인이 예수님을 찾은 것도 시련 앞에 가만히 있지 않고 움직였다는 증거입니다.

3. 이 여인은 시련을 피하지 않고 싸워서 이겼습니다.

예수님의 냉대와 멸시 그리고 모욕적인 언행까지 모든 시련을 당연하게 받았습니다. 문제를 해결할 수 있다면 어떤 취급을 당해도 감당하겠다는 각오로 피하지 않았습니다. 문제를 해결하기 위해서 자존심 따위는 내던졌습니다.

오히려 무시를 당연하게 받았기에 끝까지 견딜 수 있었습니다.

4. 예수님께서는 이 여인의 말을 들으시고 문제를 해결해 주셨습니다.

"이 말을 들으시고". 어떤 말을 들으셨다는 말입니까?

문제 해결을 위해서 모든 것을 당연하게 받아들이는 이 여인의 고백입니다. 마 15:28절에서는 이 여인의 이런 고백을 큰 믿음이라고 칭찬하셨습니다.

관점으로 청중 적용

사랑하는 여러분!

1. 우리도 크고 작은 문제 때문에 시련을 겪으면서 살고 있습니다.
여러분은 시련을 만났을 때 어떤 말과 행동을 하셨습니까?

우리 모두는 한결같이 시련을 원치 않습니다.
"너는 겪어도 되지만 나는 절대로 겪으면 안 된다"고 생각합니다.
그러니 시련이 오면 당연하게 받지 못하고 온갖 원망과 불평을 합니다.

시련을 피하려고만 한다면 시련을 벗어날 수 없습니다. 해결받지 못한 시련은 반복되는 문제 속으로 우리를 끌고 갑니다.

시련이 크고 작고는 중요하지 않습니다.
시련을 이겨내는 것이 중요합니다.
지금 이 순간에도 시련의 중심에 서 있는 사람들이 있습니다.

오늘 시련을 이겨내는 힘을 얻고 모두 청산하시기를 바랍니다.

2. 시련을 이기는 능력은 예수님께로부터 나옵니다.

해결 가능한 문제들은 문제가 아닙니다. 해결의 길이 있기 때문입니다. 해결의 길이 없는 문제들이 문제입니다. 우리가 해결할 수 없는 문제들을 만난 것이 시련입니다. 예수님은 우리의 시련을 이겨내는 능력을 가진 분입니다.

1) 예수님은 시련 당하는 자의 믿음을 보십니다.

예수님은 우리가 당하는 시련의 종류가 무엇인지 관심이 없습니다.

예수님은 어떤 문제라도 해결하실 수 있기 때문입니다. 중요한 것은 시련의 종류가 아니라 시련을 당하는 자의 믿음입니다.

예수님은 오직 믿음만 보십니다.

지금 내 믿음을 보여야 할 때입니다.

믿음은 시련을 견디는 것이 아니라 기적으로 바꾸는 것입니다.
억지로 견디면 믿음이 아닙니다. 결과를 바꾸어야 믿음입니다.

2) 시련을 대하는 자세를 바꾸십시오!

시련을 당연하게 여기면 불평이 아니라 아멘 할 수 있습니다.
시련을 당연하게 여기는 사람은 말이 다릅니다.

"옳소이다. 그래도 좋습니다. 나는 그런 사람입니다."
어떤 경우도 아멘입니다. 부정적인 말을 하지 않습니다.

3) 시련을 기적으로 바꾸십시오!

시련의 과정에서 믿음을 보여주어야 합니다.

문제 해결 과정에서 찾아오는 시련을 당연하게 여기고 즐기십시오. 그리고 시련을 바라보지 말고 예수님을 바라보십시오!

4) 믿음은 반드시 결과가 있습니다!

이것이 중요합니다. 믿음의 결과가 없는 것은 죽은 믿음입니다. 살아있는 믿음으로 살아있는 결과를 보여주십시오!

청중 결단

문제를 안고 노래합시다!
이런 노래가 시편입니다.
시 23편은 부족할 때 부른 노래입니다.

9
바리새인의 누룩 _ 막 8:14~21

🌿 **본문 핵심 관점 | 빵과 누룩**

예수님과 제자들이 배에 올라 건너편으로 출발했습니다. 그런데 배가 호수 절반을 건너가던 중 난감한 상황이 발생했습니다.

배에 타고 있던 사람들이 배가 고팠습니다.

군중들을 피해서 정신없이 다니다보니 끼니를 잊은 듯합니다. 때가 되면 시장기를 느끼는 것은 누구에게나 자연스런 일입니다. 하지만 배 안에는 떡 한 개(빵 한 조각)밖에 없었습니다. 그 시간 배 안에 있던 사람들은 예수님과 제자들 그리고 예수님을 따르던 최소한의 사람들만 계산한다 해도 적어도 이십여 명은 됐을 것입니다.

배 안에 있던 사람들 사이에서는 서로를 향하여 왜 이런 상황이 발생했는지, 누구의 실수로 발생한 일인지 서로 책임지지 않으려는 말들이 오고갔습니다. 15절에 "예수께서 경고하여 이르시되"라고 했습니다. 이때 예수님께서는 제자들의 이런 책임 전가나 다툼들을 책망하셨습니다.

설교를 이끄는 관점

15절을 계속 보면 "삼가 바리새인들의 누룩과 헤롯의 누룩을 주의하라"고 하셨습니다.

이 말씀은 지금 상황과 너무도 거리가 먼 이야기입니다.
제자들은 빵이 부족해서 빵 한 조각으로 이 많은 사람들이 어떻게 끼니를 해결할까를 걱정하고 있습니다. 이 상황에서 바리새인과 헤롯의 누룩을 주의하라는 말씀은 너무도 엉뚱한 이야기입니다.

* 그 시간 빵이 부족한 것과 바리새인과 헤롯의 누룩은 무슨 상관이 있습니까?

* 그리고 바리새인과 헤롯의 누룩은 무엇을 말씀하시는 것입니까?

여러분, 누룩이 무엇입니까?

빵을 만들기 위해서 밀가루를 부풀리는 효모, 이스트입니다. 바리새인들과 헤롯이 빵을 굽는 자들도 아닌데 이들에게 무슨 누룩이 있다는 말입니까!

16절을 보십시오!

"제자들이 서로 수군거리기를 이는 우리에게 떡이 없음이로다 하거늘"

제자들도 예수님의 이야기를 제대로 알아듣지 못했습니다. 제자들은 예수님께서 빵을 준비하지 않은 것을 야단치는 음성으로 들었습니다. 그러자 17절에 예수님께서도 제자들이 깨닫지 못하는 것을 지적하시며 제자들에게 마음이 둔한 자들이라고 책망하셨습니다.

"예수께서 아시고 이르시되 너희가 어찌 떡이 없음으로 수군거리느냐 아직도 알지 못하며 깨닫지 못하느냐 너희 마음이 둔하냐"

제자들은 빵, 예수님은 누룩. 왜 예수님과 제자들은 엇갈리는 대화를 하고 있습니까?
이 배고픈 현실과 바리새인과 헤롯의 누룩은 어떤 연관이 있습니까?

하나님의 목적으로 해결

예수님께서 제자들의 빵 이야기를 들으시고 바리새인과 헤롯의 누룩을 주의하라고 말씀하신 것은 아직도 제자들이 철이 없음을 책망하신 것입니다.

이미 예수님께서는 오천 명을 먹이신 사건과 사천 명을 먹이신 사건을 통하여 제자들이 빵에 대한 걱정을 전혀 하지 않아도 됨을 보여주셨습니다. 그런데도 제자들은 당장 눈앞에 보이는 빵 한 조각 때문에 진짜 염려하고 걱정해야 될 일들은 전혀 관심이 없었습니다.

그래서 예수님은 빵이 염려의 대상이 아니라 바리새인과 헤롯의 누룩 즉 소리 없이 사람 속으로 파고드는 복음을 방해하는 세력들을 주의하라고 하신 것입니다.

1. 예수님은 제자들의 심각한 상태를 지적하셨습니다(18절).

제자들은 바리새인들이 예루살렘으로부터 일부러 찾아와서 예수님을 대적하는 모습을 보면서도 심각성을 알지 못했습니다. 당시 헤롯은 예수님이 죽은 세례 요한과 같이(6:14-16) 대중들의 인기를 얻는 리더로 여겨져서 못마땅해 했습니다. 하지만 제자들은 군중들과 헤롯의 심기를 헤아리지 못했습니다.

2. 이들의 활동은 눈에 보이지 않는 누룩(이스트)처럼 은밀

히 퍼지는 위험한 세력이었습니다.
　하지만 제자들은 눈에 보이는 빵에 사로잡혀서 이런 시대적인 사탄의 영향을 대수롭지 않게 여겼습니다(19-21절).

　3. 바리새인과 헤롯은 예수님을 위협적인 인물이라고 대중들에게 퍼뜨렸던 누룩입니다. 이 사실을 깨닫지 못하고 빵 걱정이나 하는 것은 예수님의 근심거리입니다.

　* 바리새인들은 예수님의 거침없는 설교를 대단히 급진적으로 받아들였고 자신들을 위협하려는 것으로 여겨서 예수님을 무너뜨릴 계략들을 군중들 속에 심어나갔습니다. 이 누룩의 효력은 결국 예수님을 십자가에 못 박으라는 군중들을 만들었습니다.

　* 헤롯은 예수님을 잠재적인 정치적 위험인물로 여겨서 여러 통로를 이용하여 예수님을 제거하도록 압력을 행사했습니다.

관점으로 청중 적용

　사랑하는 여러분!

　1. 지금 우리 주변에도 바리새인과 헤롯의 누룩들이 급속하게 세력을 넓혀가고 있습니다.
　이런 누룩의 거센 증식력보다 더 심각한 것은 우리가 이들을 바라보는 시각입니다.

당장 눈앞에 보이는 현실적인 문제들을 핑계로 우리는 누룩처럼 번져가는 세력들을 쳐다보면서도 아무것도 하지 못하고 있습니다. 그저 목소리 높여 몇 마디 외치고서는 마치 자기 할 일을 다 한 것처럼 손을 놓기 일쑤입니다.

* 여러분은 이 시대의 바리새인과 헤롯의 누룩이 무엇이라고 생각합니까?

2. 복음을 가로막는 세력들이 누룩입니다.
이들을 가만히 두면 누룩처럼 퍼져서 (사탄이 힘을 얻어서) 복음을 대적하게 됩니다.

1) 빵은 예수님께서 책임져 주십니다.
빵 때문에 복음이 무너지는 것을 아셨기에 오병이어의 기적을 보여주셨습니다. 아직도 깨닫지 못하고 빵 때문에 주변의 누룩을 수수방관한다면 큰일입니다(21절).

2) 주변을 살펴서 적극적으로 누룩의 세력들을 막아야 합니다.
누룩을 가만히 두는 것은 그것들에게 힘을 실어주는 것입니다. 적극적으로 누룩 덩어리를 파헤쳐서 다른 곳으로 옮겨가는 것을 차단해야 합니다. 누룩을 차단하려면 정신 차리고 눈과 귀를 바로 세워야 합니다.

3) 예수님은 마 13:33에서 우리도 천국 운동을 누룩처럼 적극적으로 하라고 하십니다. 우리가 먼저, 우리가 더 강력하게

천국 운동을 실천해서 복음의 누룩을 심는다면 저들을 이길 수 있습니다.

청중 결단

복음에 적극적인 자세를 가집시다.
천국 누룩이 됩시다.
복음 운동은 시작하는 것만으로도 누룩의 역할을 하는 것입니다. 결과는 시간이 지나면 나타나게 됩니다. 당장 천국 복음을 심는 누룩이 됩시다.

10
믿는 자에게는 _ 막 9:14~29

🌿 **본문 핵심 관점 | 믿음**

예수님께서 자리를 비운 사이 아홉 명의 제자들이 서기관들과 변론하며 싸우고 있었습니다. 큰 무리가 모여든 것을 보면 꽤 오랜 시간 변론을 계속 한 것 같습니다(14절).

예수님께서 그 자리에 나타나시자 온 무리가 매우 놀라며 달려 나왔습니다. 제자들이 많은 무리에 둘러싸여 변론하는 것을 이상히 여기신 예수님은 자초지종을 물으셨습니다.

16절 "예수께서 물으시되 너희가 무엇을 그들과 변론하느냐"

그때 한 사람이 나와서 상황을 설명했습니다. 한 아비가 아들의 문제를 가지고 제자들을 찾았으나 해결 받지 못하고 서로 변론만 하고 있다는 하소연이었습니다.

설교를 이끄는 관점

좀 더 자세히 말하면 예수님의 제자들이 아무 능력이 없는 자들로서 서기관들과 말싸움만 하고 있다는 고발이었습니다.

18절 "귀신이 어디서든지 그를 잡으면 거꾸러져 거품을 흘리며 이를 갈며 그리고 파리해지는지라 내가 선생님의 제자들에게 내쫓아 달라 하였으나 그들이 능히 하지 못하더이다"

이 말을 들으신 예수님은
19절에 "믿음이 없는 세대여 내가 얼마나 너희와 함께 있으며 얼마나 너희에게 참으리요"라고 제자들을 향하여 탄식하는 말씀을 하셨습니다.

지금 제자들은 귀신 들린 아이를 고치지 못한 것 때문에 서기관들로부터 심한 공격을 받고 있습니다. 많은 사람들이 지켜보는 데서 얼마나 창피하고 무안했겠습니까? 이런 제자들의 입장을 아셨다면 제자들이 이 아이를 고쳐서 명예를 회복하도록 도와주셔야 합니다. 제자들의 망신은 결국 예수님의 망신입니다.

그런데 이번에는 예수님마저 제자들에게 믿음이 없다고 공개적으로 야단치시다니 너무하십니다. 그렇지 않아도 공개적으로 망신 당해서 어찌할 바를 모르는 제자들이 이런 예수님의 책망을 듣고 얼마나 불쾌했겠습니까!

귀신 들린 아이 아비의 말을 들어보십시오.

22절 "귀신이 그를 죽이려고 불과 물에 자주 던졌나이다 그러나 무엇을 하실 수 있거든 우리를 불쌍히 여기사 도와주시옵소서"

제자들의 무능한 모습을 이유로 예수님까지 의심하는 소리를 합니다. 왜 예수님은 제자들의 믿음 없음을 노골적으로 드러내시며 망신을 주신 것일까요?

예수님께서 이런 말씀을 하신 진짜 이유는 무엇일까요?

하나님의 목적으로 해결

지금 예수님은 제자들만을 야단치신 것이 아닙니다. 귀신 들린 아이의 아비를 포함하여 그곳에 모여 있던 모든 자들의 믿음 없음을 탄식하셨습니다.
그렇다면 이들이 믿음 없다는 말은 무슨 말입니까?
이들은 아직도 예수님이 누구신지 알지 못했습니다. 그동안 수없이 많은 시간들을 통하여 예수님이 어떤 분이신지 보여주었지만 그 순간만 놀랐을 뿐 예수님을 온전하게 믿지 않았습니다. 그래서 예수님은 이들의 이런 형편없는 모습을 탄식하시며 시간이 없으니 어서 믿음을 가지도록 촉구하셨습니다.

1. 제자들과 아비의 믿음 없음을 탄식하시며 책망하셨습니다(19, 23절).

제자들의 문제는 능력이 나타나지 않는 것이 아닙니다. 믿음이 없는 것입니다. 여기서 믿음 없다는 말은, 자신의 힘으로 해결하려는 어리석음을 말합니다.

2. 아비가 믿음을 고백할 때 기적을 주셨습니다(24-27절).

아비는 즉시 믿음이 무엇인지를 깨달았습니다. 예수님이 모든 것을 해결하시는 분이심을 똑바로 고백했습니다. 예수님은 그 믿음대로 고쳐주셨습니다.

3. 제자들의 문제가 무엇인지 가르쳐 주셨습니다(28-29절).

"기도 외에 다른 것으로는 이런 종류가 나갈 수 없느니라"

여기서 말하는 기도는 "예수님을 앞세우는 것"을 의미합니다. 제자들의 실패는 예수님의 능력을 앞세우지 않고 자신의 능력을 과시하려는 것이 원인이었음을 지적하셨습니다.

관점으로 청중 적용

사랑하는 여러분!

1. 예수님께서 문제 앞에 있는 내 모습을 보신다면 무슨 말씀을 하실까요?

문제를 해결 받을 만한 믿음이 있습니까?
문제를 해결 받아야 행복한 신앙생활을 합니다.
지금 문제가 해결되고 있습니까?
문제투성이의 삶은 너무도 고통스럽습니다.
문제 앞에서 어떤 신앙을 보이고 있습니까?

오늘 이 자리에 문제를 끌어안고 고민하는 사람이 있다면 오늘 모든 문제를 해결 받으시기 바랍니다.

2. 모든 문제는 예수님께서 해결하십니다.

예수님은 모든 문제를 해결해 주시려고 이 땅에 오셨습니다. 그리고 모든 문제들이 예수님을 통하여 어떻게 해결되는지 보여 주셨습니다. 예수님은 문제를 가진 자의 신앙을 주목하십니다.

1) 믿음을 일으키십시오.
믿음을 잃어버리면 어떤 기적도 일어나지 않습니다.
예수님은 믿음을 보시고 기적을 주십니다.
예수님께는 문제의 종류나 크기는 전혀 상관 없습니다.
예수님은 오직 믿음만 보십니다. 지금 믿음을 일으키십시오.
예수님은 모든 문제를 해결하시는 전능하신 하나님이십니다.
그것을 믿고 확신한다면 어떤 문제도 해결할 수 있습니다.

2) 문제를 가지고 예수님께 나아가십시오.
제자들이 문제 해결자가 아닙니다.
예수님께 나아가는 것이 해결의 시작입니다.
지금 당신은 문제를 들고 어디로 가고 있습니까?
예수님께 나오면 즉시 해결 받습니다.

3) 지금 이 순간에도 예수님은 믿는 사람들의 문제들을 해결하고 계십니다.
주변을 돌아보십시오.
예수님의 능력과 기적이 여기저기에서 나타나고 있습니다.
믿는 자에게 불가능한 문제들이 해결됨을 보여주고 계십니다.

청중 결단

기도 외에는 이런 종류가 나갈 수 없습니다.
예수님께 집중하십시오!
예수님께 모든 것을 맡기십시오.
예수님께 믿음으로 문제를 아뢰십시오.
믿는 자에게는 능치 못할 일이 없습니다!

11
착각 (1) _ 막 10:17~22

🌿 **본문 핵심 관점 | 재물(나누어주라)**

사람들이 사는 곳마다 공통적으로 고민하는 문제가 있습니다. 바로 내세 즉 영생에 대한 문제입니다. "죽으면 끝이다"라는 절망적인 비관론을 가진 사람들도 있지만 대부분의 사람들은 죽음 이후에도 계속되는 삶을 갈구합니다.

예수님께서 길을 나가실 때 한 사람이 달려와서 무릎을 꿇고 "선한 선생님이여 내가 무엇을 하여야 영생을 얻으리이까" 하며 자신의 내세에 대한 고민을 털어놓았습니다(17절).

이 사람의 태도를 보십시오!
길가에서 무릎 꿇고 예수님께 영생에 대한 질문을 한 것을 보면 아주 진지하고 예의가 바른 사람입니다. 그런데 예수님께서는 이 사람이 관심 갖고 질문한 영생에 대한 이야기를 하기 보다는 재물에 대한 이야기를 하셨습니다.

21절 "예수께서 그를 보시고 사랑하사 이르시되 네게 아직도 한 가지 부족한 것이 있으니 가서 네게 있는 것을 다 팔아 가난한 자들에게 주라 그리하면 하늘에서 보화가 네게 있으리라 그리고 와서 나를 따르라 하시니"

설교를 이끄는 관점

이 사람이 예수님을 찾아온 목적은 영생을 얻고 싶어서입니다. 그런데 왜 예수님은 영생을 얻는 방법에 대한 말씀은 하지 않으시고 느닷없이 재물을 다 팔아서 가난한 자들에게 나누라는 말씀을 하십니까?

* 영생을 얻는 것과 재물을 다 팔아서 나누는 것은 무슨 연관이 있습니까?
* 예수님의 말씀대로 모든 재물을 다 팔아 가난한 자들에게 나누지 않는 자는 영생을 얻지 못한다는 말씀입니까?
* 이 사람이 재물이 있다는 것을 예수님은 어떻게 아셨습니까?
* 예수님께서 이 사람을 향하여 모든 재물을 버리라고 했을 때 이 사람과 주변 사람들은 어떤 생각을 했을까요?

만일 여러분들에게 예수님께서 이런 요구를 하셨다면 어떻게 하시겠습니까?

하나님의 목적으로 해결

예수님은 이 사람이 예수님을 찾아온 진짜 이유를 알고 계셨습니다. 그래서 이 사람이 진심으로 영생을 얻도록 방법을 제시하셨습니다.

이 사람은 지금까지 자신이 지키면서 살아온 계명들보다 또 다른 무엇인가를 더 지킴으로 자신의 의로 영생을 얻을 수 있다고 생각했습니다.

그래서 그는

1. 예수님이 자신을 영생에 이르는 선한 길로 인도하실 수 있는 분으로 착각했습니다(17절).

그가 예수님을 향하여 "선한 선생님이여"라고 고백한 것은 이 때문입니다. 그는 예수님이 누구신지 착각했습니다. 자신을 영생에 이르게 하실 진짜 메시야 예수님을 만났음에도 자신의 의를 앞세우는 착각에 빠져서 예수님을 제대로 알아보지 못했습니다.

2. 영생을 얻기 위해서 모든 계명을 다 지켜야 한다고 착각했습니다(19-20절).

이 사람은 혹시 계명을 어김으로 영생에 이르지 못하게 될 것이 두려워 어려서부터 철저하게 계명을 지켰습니다. 이 사람은 자신이 지켜온 계명이 자신을 영생에 이르게 할 수 있다고 착각했습니다.

3. 영생을 얻기 원했지만 예수님께서 제시한 것을 외면했습니다(21-22절).

이 사람은 영생을 얻기 원했지만 막상 예수님께서 영생에 이르는 길을 제시했을 때는 외면했습니다. 예수님께서 이 사람에게 제시한 것은 두 가지였습니다.

하나는 "네게 있는 것을 다 팔아 가난한 자들에게 주라"는 것이었고, 또 하나는 "예수님을 따르라"는 것이었습니다.
하지만 이 사람은 예수님이 제시한 두 가지 모두를 저버렸습니다.

4. 이 사람의 주인은 재물이었기 때문입니다.

이 사람은 영생에 관심이 있었지만 재물을 포기하고 영생을 얻어야 한다는 말씀에 기꺼이 영생을 포기하는 결정을 했습니다. 이 사람의 삶의 우선순위, 목적이 재물에 있었기 때문입니다.

이 사람이 예수님의 말씀대로 재물을 다 팔아서 나누어주고 예수님을 따랐다면 그에게 하늘에서 보화가 현재보다 천 배나 더 많이 주어졌을 것이며 그가 원했던 영생과 구원도 얻었을 것입니다.

관점으로 청중 적용

사랑하는 여러분!

1. 지금 나를 주장하고 있는 것은 무엇입니까?
예수님은 보이지 않는 이 사람의 주인을 끌어내셨습니다. 겉으로는 영생, 신앙의 모습을 가진 자처럼 보였지만 그 안에는 맘몬(Mammon, 부의 신)이 자리 잡고 있었습니다.

* 지금 나를 사로잡고 있는 것이 무엇인지를 알아야 합니다.
　지금 나를 움직이는 정체를 찾아야 합니다.
　지금 내 삶의 우선순위가 무엇인지를 바로 알아야 합니다.

* 나는 무엇에 신앙의 발목이 잡혀 있습니까?
* 무엇이 신앙의 앞길을 가로 막고 있습니까?

2. 착각하면 안 됩니다.
영생은 저절로 주어지는 것이 아닙니다.
영생은 나의 공로나 노력으로 주어지는 것도 아닙니다.
영생에 이르는 길은 오직 한 가지입니다.

1) 주인이 바뀌어야 합니다.
내 주인이 예수님으로 바뀌어야 합니다. 예수님을 믿고 내 삶의 주인으로 모신 자만이 영생에 이를 수 있습니다. 예수님은 영생을 주시려고 이 땅에 오셨습니다. 예수님을 믿는 자마다 영생에 이르게 됩니다.

2) 예수님을 위하여 모든 것을 버리십시오.
가진 것을 전부 가난한 자들에게 내어주고 거지처럼 살라는 말이 아닙니다. 삶의 우선순위를 놓치지 말라는 말씀입니다. 예수님을 위하여 모든 것을 나누면 하늘에서 보화가 내립니다. 결단코 거지가 되지 않습니다. 현세와 내세에 복을 받지 못하는 자가 없다고 하셨습니다.

3) 예수님께서 주시는 영생을 빼앗을 자가 없습니다.
예수님은 자신을 따르는 자를 끝까지 책임져 주십니다.
이 땅에서 천국까지 모든 것을 주를 위해 버리고 예수님을 좇는 자들을 끝까지 책임져 주십니다.

청중 결단

재물을 인하여 시험에 들지 말아야 합니다.
재물이 신앙의 걸림돌이 되지 않게 합시다.
재물 때문에 영생까지 포기하는 어리석음을 버립시다.

12
바늘 구멍 _ 막 10:23~31

본문 핵심 관점 | 하나님 나라

영생을 얻으려고 달려 나왔던 사람이 실망하고 돌아간 사건은 모두를 충격에 빠뜨렸습니다. 평소 그가 모범적인 삶을 살았던 사실을 알고 있던 사람들은 더욱더 의구심을 버릴 수 없었습니다.

서로 말을 못할 뿐 제자들도 감정을 다스리지 못하기는 마찬가지였습니다. 이 사실을 아신 예수님은 따로 제자들을 모으시고 23-25절까지의 말씀을 하셨습니다.

"예수께서 둘러보시고 제자들에게 이르시되 재물이 있는 자는 하나님의 나라에 들어가기가 심히 어렵도다 하시니 제자들이 그 말씀에 놀라는지라 예수께서 다시 대답하여 이르시되 얘들아 하나님의 나라에 들어가기가 얼마나 어려운지 낙타가 바늘귀로 나가는 것이 부자가 하나님의 나라에 들어가는 것보다 쉬우니라 하시니"

예수님께서 말씀하신 핵심은 부자는 하나님 나라에 들어가는 것이 쉽지 않다는 것이었습니다.

설교를 이끄는 관점

왜 부자는 하나님 나라에 들어가기 어렵습니까?
부자가 가기 어려운 하나님 나라라면 가난한 자들만 갈 수 있는 곳입니까?

예수님의 말씀은 재물이 많은 사람이 그냥 돌아간 일로 인하여 불편해하던 제자들의 감정을 더 악화시켰습니다. 예수님을 향하여 거센 반감을 일으키기에 충분했습니다.

* 예수님의 부자들에 대한 불편한 말씀은 좀 더 구체적으로 묘사되었습니다.
25절에 "낙타가 바늘귀로 나가는 것이 부자가 하나님의 나라에 들어가는 것보다 쉬우니라"고 하셨습니다. 이는 당시 격언(속담)을 인용하여 부자들이 어떤 자들인가를 멸시하는 말씀처럼 들렸습니다.

이 말을 듣던 제자들은 놀라지 않을 수 없었습니다. 그들은 서로를 향하여 이렇게 수근거렸습니다. "그렇다면 하나님의 나라에 들어갈 자는 누구인가?"

* 맞는 이야기입니다!
누가 들어도 예수님의 말씀은 불편한 이야기입니다. 만일 부자들이 이런 예수님의 말씀을 듣는다면 아주 불쾌한 감정을 드러냈을 것이고 거센 항의를 했을 것입니다.

왜 부자들이 하나님의 나라에 들어갈 수 없다는 말씀을 하십니까? 그리고 부자가 하나님의 나라에 들어갈 수 없다는 말씀이 사실입니까?
여러분은 이 말씀을 어떻게 생각하십니까?

하나님의 목적으로 해결

예수님께서 부자가 하나님의 나라에 들어가는 것이 쉽지 않다고 하셨다면 맞는 것입니다. 우리는 이 말씀을 오해해서는 안 됩니다. 예수님께서 부자들에 대한 잘못된 시각이나 감정 때문에 이런 말씀을 하신 것이 아니기 때문입니다.

예수님은 인간의 속성을 너무도 잘 알고 계십니다. 특히 재물을 가진 자들의 특성을 여러 곳에서 말씀하셨습니다. 한 마디로 재물을 가진 자는,

31절 "먼저 된 자로서 나중 되고 나중 된 자로서 먼저 될 자가 많으니라"

재물을 먼저 앞세우다 하나님 나라에 들어갈 수 없는 나중 된 자가 된다는 말씀을 하셨습니다. 그러므로 지금 예수님의 말씀을 듣고 깨달아서 자신의 것(재물)은 나중으로 여기고 하나님 나라 시민이 먼저 되는 기회를 붙잡으라 하셨습니다.

1. 하나님의 나라는 하나님의 방법으로 이루어지는 나라입니다(27절).

하나님의 나라는 돈, 명예, 권력 등 인간이 가진 것들로 얻을 수 있는 나라가 아닙니다. 사람으로서는 아무도 하나님의 나라를 얻을 수 없습니다. 오직 하나님의 방법대로 따라야 합니다.

2. 나중 된 자가 먼저 됩니다.

나중 된 자는 예수님과 복음을 위하여 자신의 것을 먼저 나누는 자입니다(29절).

부자들이 하나님 나라에 들어가기가 어려운 것은 이 부분 때문입니다. 부자들 대부분은 자신이 노력해서 모은 재산을 예수님과 복음을 위하여 먼저 내어 놓는 것이 쉽지 않기 때문입니다. 예수님은 부자들이 재물을 신(맘몬, Mammon)처럼 섬긴다는 사실을 아셨습니다.

3. 나중 된 자가 먼저 된 자의 복을 차지합니다(29-30절).

"나와 복음을 위하여 먼저 드린 자는 현세에서 백배나 받고 내세에 영생을 받지 못할 자가 없다"고 하셨습니다. 하지만 스스로의 것을 먼저 앞세우고 살다가 나중에 하나님 앞에 섰을 때 아무것도 받을 것이 없다면 어찌 되겠습니까!

나중 된 자는 어리석은 자가 아닙니다. 그는 현세에서 백 배 누릴 수 있는 복과 영생을 절대로 놓치지 않기 때문입니다.

* "박해를 겸하여 받고"

우리가 나중 된 자의 삶을 살지 못하도록 방해하는 세력들로부터 받을 핍박을 의미합니다. 그 세력들 중에는 형제, 자매, 어머니, 아내와 자식도 있습니다.

관점으로 청중 적용

사랑하는 여러분!

1. 나는 먼저 된 자입니까? 나중 된 자입니까?
지금 나를 주장하고 있는 세력의 정체는 무엇입니까?
나는 무엇에 의하여 움직이고 있습니까?

하나님의 나라에 대하여 생각해본 적이 있습니까?
영생에 대하여 진지하게 고민해본 적이 있습니까?
지금 이대로 살아도 아무런 문제가 없겠습니까?

28절 "보소서 우리가 모든 것을 버리고 주를 따랐나이다"

베드로의 고백을 향한 예수님의 반응을 어떻게 생각하십니까?

2. 나중 되어야 먼저 됩니다.

예수님과 복음을 위하여 헌신하는 모든 것은 버린 것도 낭비하는 것도 아닙니다. 반드시 나타날 결실을 위하여 씨를 뿌리고 물을 공급하는 일입니다.

1) 예수님과 복음이 먼저입니다.

예수님보다 먼저 된 것이 있다면 분명 영생 얻은 자의 삶은 아닙니다. 지금 예수님보다 앞세우는 것이 있다면 여기서 멈추어야 합니다.

2) 먼저 헌신하십시오.

헌신은 말로만 하는 것이 아닙니다. 드리는 것이 헌신입니다.
예수님과 복음을 위하여 먼저 드리십시오.
나와 내 주변을 백 배나 복되게 하는 비결입니다.
당장 눈앞에 보이는 것 때문에 주저하지 마십시오.

3) 박해의 세력을 이겨내십시오.

먼저 된 자들을 향한 방해와 핍박은 당연합니다.
그들의 신은 맘몬이기 때문입니다.
그들의 종말을 눈여겨 보아야 합니다. 그들을 이겨야 상급이 주어집니다.

청중 결단

재물의 유혹을 물리쳐야 합니다.
물질에 얽매여서 예비 된 복을 놓치지 맙시다.

13
착각 (2) _ 막 10:35~45

🌿 **본문 핵심 관점 | 예수님의 좌우편**

예수님의 지상사역이 마무리되어가는 시간, 평소 예수님 가까이에서 섬겼던 야고보와 요한이 뜻밖의 요구를 합니다.

35절에 "세베대의 아들 야고보와 요한이 주께 나아와 여짜오되 선생님이여 무엇이든지 우리가 구하는 바를 우리에게 하여 주시기를 원하옵나이다"

이 말은 자신들의 요구가 무엇이든지 무조건 들어달라는 강요입니다. 이들의 말을 들으신 예수님께서는 36절에 "너희에게 무엇을 하여 주기를 원하느냐"고 그들의 요구가 무엇인지를 말하라고 하셨습니다.

설교를 이끄는 관점

이들이 구하는 바가 37절에 나타납니다.
"여짜오되 주의 영광 중에서 우리를 하나는 주의 우편에, 하나는 좌편에 앉게 하여 주옵소서"

"주의 영광 중에", 이는 예수님께서 영광을 받으실 만한 일이 생긴다는 사실을 알고 있었다는 의미입니다. "우리를 하나는 주의 우편에, 하나는 좌편에 앉게 하여 주옵소서", 우리 형제가 예수님의 좌우편에 당연히 앉아야 한다는 말입니다.

* 이것은 무슨 말입니까?
예수님께서 어떤 영광을 받으시기에 이들 형제를 좌우편에 앉게 해달라고 합니까? 또한 이들이 생각하는 예수님의 좌우편은 어떤 자리이기에 이들 형제들이 무조건 차지하려 합니까?

* 이들의 이런 요구를 바라보던 제자들의 반응을 보십시오.
41절 "열 제자가 듣고 야고보와 요한에 대하여 화를 내거늘"

그렇다면 다른 제자들도 같은 생각을 품고 있었다는 말입니다. 예수님의 제자 열두 명 모두가 예수님의 좌우편 자리를 탐내고 있었다니 도대체 예수님의 좌우편은 어떤 자리입니까?

* 38절을 보면 이들의 요구를 들으신 예수님의 반응이 나타납니다.

"예수께서 이르시되 너희는 너희가 구하는 것을 알지 못하는도다 내가 마시는 잔을 너희가 마실 수 있으며 내가 받는 세례를 너희가 받을 수 있느냐"

한마디로 예수님은 이들이 철없는 소리를 한다고 하셨습니다. 이들은 자신이 무엇을 구하는지 알지 못하는 것이 문제라고 지적하셨습니다. 그리고 예수님은 영광을 받으시는 것이 아니라 세례를 받으신다고 하셨습니다. 또한 예수님의 좌우편은 아무에게나 주어지는 것이 아니라 준비된 자가 얻게 된다고 하셨습니다.

하나님의 목적으로 해결

그렇다면 야고보와 요한은 왜 이런 요구를 했습니까?
아직도 이들은 예수님이 누구신지를 바로 알지 못하고 예수님을 통하여 자신의 목적을 이루려는 착각 속에 빠져있었기 때문입니다. 이들은 예수님의 좌우편이 권력과 영광의 자리인 줄 착각한 것입니다.

1. 그래서 이들 형제는 다른 제자들보다 앞서서 그 자리를 차지하려고 먼저 예수님께 나아가서 청탁했습니다(35-37절).

2. 다른 제자들도 같은 마음을 갖고 있었지만 차마 입으로

말하지 못하고 있었는데 이들 형제들 때문에 그들의 속마음이 탄로 났습니다(41절).

3. 예수님은 이들이 착각하고 있음을 아셨기에 분명하게 예수님이 무엇을 하실 것인지를 말씀해주셨습니다(38절).
예수님은 영광을 받으시는 자리에 오시는 것이 아니라 "세례", 즉 죽으심과 부활을 통해 우리를 살리시려고 오신 분입니다.

* 예수님의 좌우편은 예수님처럼 사는 자만이 얻을 수 있다고 하셨습니다(43-45절).

관점으로 청중 적용

사랑하는 여러분!

1. 우리에게도 주님을 따르는 이유와 목적이 있습니다.
눈에 보이는 것들을 위해서 예수님을 따르고 있다면 큰일입니다.
내가 얻고 싶은 것을 얻고, 누리고 싶은 것을 누리기 위해서 주님을 따르고 있다면 대단한 착각을 하고 있는 것입니다.

2. 주님을 따르는 목적이 잘못된 사람은 자신의 요구와 목적을 이루는 것 외에 다른 아무것에도 관심이 없습니다.

* 예수님에게도 관심이 없습니다.

* 교회와 주변에도 관심이 없습니다.

* 오직 한 가지 자신의 목적을 이루는 것에만 몰두합니다.

그래서 자신의 목적이 이루어지면 신앙생활을 하는 척하지만, 자신의 목적대로 이루어지지 않으면 불평을 늘어놓고 자기 마음대로 합니다.

3. 우리가 주님을 따르는 것은 그분의 세례에 동참하는 것입니다.

그분의 세례에 동참하는 것은, 예수님이 사셨던 삶을 나도 그대로 사는 것입니다. 영광스러운 삶이 아닐 수도 있습니다. 그래도 따르는 것이 그분의 세례에 참여하는 것입니다.

1) 예수님을 따르는 삶은 섬김의 삶입니다.

예수님은 모든 자의 종이 되셨습니다. 나도 모든 자의 종이 되어 섬길 때 아주 조금이라도 그 분의 세례에 동참하는 것입니다.

2) 영광의 자리를 내어 주십시오!

예수님은 자신이 가지신 모든 영광을 우리를 위하여 내어 주셨습니다. 내가 가진 조그마한 자리를 지키려고 다른 사람을 상처와 아픔의 자리로 내몰았다면 오늘 회개하고 새로운 각오로 예수님을 따르는 기회가 되기를 바랍니다.

3) 예수님은 자신의 좌우편에 앉아야 할 자를 찾고 계십니다 (40절).

예수님처럼 살아보려는 자를 찾고 계십니다. 꼭 누군가 예수님의 옆자리에 앉아야 된다면 예수님은 예수님처럼 살아보려는 자, 예수님을 위해 기꺼이 세례를 감당하는 자에게 이 자리를 내어 줄 것입니다.

청중 결단

나는 어떻게 주님을 따르고 있는가를 점검하십시오!
착각과 헛된 욕망에서 깨어나십시오!
예수님을 따르는 자로 본이 되도록 살아야 합니다.

14
무엇을 원하느냐 _ 막 10:46~52

🌿 **본문 핵심 관점 | 원하는 게 무엇인가**

예수님께서 움직이시는 곳마다 많은 사람들이 따랐습니다. 예수님을 따르던 자들은 크게 두 종류였습니다. 예수님을 통하여 문제를 해결하려는 사람과 예수님께서 무엇을 하시는지 엿보려는 자들입니다.

예수님 일행이 여리고를 지날 때에 앞이 보이지 않는 한 사람이 갑자기 소리치기 시작했습니다. 그는 디매오의 아들 바디매오라는 맹인이었습니다. 바디매오가 갑자기 소리지른 것은 예수님이 지나가신다는 소리를 들었기 때문입니다. 그는 예수님에 대한 어떤 소리를 들었기에 갑자기 소리를 지른 것일까요?

48절에 "많은 사람이 꾸짖어 잠잠하라"고 한 것을 보면 이 맹인이 소리지른 정도가 아주 대단했던 것 같습니다. 하지만 그는 "더욱 크게 소리지르며" 사람들의 꾸짖음을 들은 척하지 않았습니다.

이 맹인은 무슨 소리를 질렀습니까?

그는 "다윗의 자손 예수여 나를 불쌍히 여기소서"라고 소리질렀습니다. 여기서 불쌍히 여겨달라는 말은 자비를 베풀어달라는 뜻입니다. 그렇다면 예수님께 동정과 구걸을 받기 위해서 이렇게 소리질렀단 말입니까? 이 맹인으로 인하여 소란한 상황을 아신 예수님은 그를 찾으셨습니다. 그리고 그에게 물으셨습니다.

51절 " 네게 무엇을 하여 주기를 원하느냐"

설교를 이끄는 관점

이상한 질문이 아닙니까?
예수님의 눈으로 보셔서 아시지 않습니까? 이 소경에게 무엇을 하여 주기를 원하느냐고 물으실 필요가 있을까요? 물으나마나 소경이 무슨 대답을 하겠습니까? 이 소경의 필요가 무엇이겠습니까? 누가 보아도 대답은 한 가지입니다. 그런데 왜 물으셨을까요?

예수님께서 이 맹인에게 특별히 듣고 싶은 말이라도 있으셨을까요? 아니면 이 맹인의 소리가 시끄럽고 귀찮아서 건성으로 그냥 물으셨습니까?

예수님께서 이 맹인에게 이런 질문을 하신 의도가 무엇일까요?

하나님의 목적으로 해결

예수님은 우리가 예수님을 어떻게 신앙하는지를 주목하십니다. 그래서 예수님은 당신께 나아오는 자들의 신앙고백을 들으십니다. 예수님은 이 소경이 예수님을 어떻게 고백하는가를 주목하셨습니다. 이 소경이 예수님을 어떻게 고백하며 그의 필요가 무엇인지를 듣고 싶으셨습니다.

1. "네게 무엇을 하여 주기를 원하느냐"

너는 내가 네게 무엇을 해줄 수 있다고 소리를 질렀느냐고 물으셨습니다. 예수님은 이 맹인이 예수님을 어떻게 믿고 있는지를 물으셨습니다. 이 맹인이 예수님께 소리지른 이유를 알고 싶어하셨습니다.

2. "보기를 원하나이다"

이 맹인이 소리지른 이유는 예수님을 통하여 볼 수 있음을 믿었기 때문입니다. 이 맹인은 예수님이 자신의 질병을 치유하실 수 있는 분으로 믿었기에 소리질러서 고백했습니다. 예수님을 자신의 소원을 이루어주시는 분으로 고백한 것입니다.

3. "가라 네 믿음이 너를 구원 하였느니라"

예수님은 이 맹인의 고백을 믿음으로 정의하셨습니다. 예수님은 이 맹인이 소리지른 것을 믿음이라고 하셨습니다. 예수님은 이 맹인이 믿음으로 소리지를 때 반응하셨고 치유해주셨습니다. 이 맹인은 믿음으로 소리지름으로 문제 속에서 구원을 받았습니다.

믿음은 예수님께 소리를 지르는 것입니다.

관점으로 청중 적용

사랑하는 여러분!

1. 오늘 우리의 현실도 이 맹인처럼 복잡한 문제들 투성입니다.
* 스스로는 해결할 수 없는 질병의 문제.
* 지저분한 동네라는 환경적인 문제.
* 하루하루 구걸하지 않으면 먹고 살수 없는 경제적인 문제.
* 대를 이어온 가난.
* 구차한 현실로 인한 사람들의 방해와 따가운 시선들.

이런 현실적인 문제들은 쉽게 우리를 떠나지 않습니다.
그래서 우리도 이런 문제들을 해결하려고 여기저기에 소리지릅니다.
새벽에도, 낮에도, 밤에도 소리지릅니다.

2. 그렇다면 오늘 나에게 예수님께서 "네게 무엇을 하여 주기를 원하느냐"고 물으신다면 어떤 대답을 하시겠습니까?

예수님께서 물으시는 핵심을 놓쳐서는 안 됩니다.

무엇을 해 주면 좋겠는지를 물으신 것이 아닙니다. 너는 "나를 누구로 믿고 있느냐"고 물으신 것입니다.

1) 믿음을 고백하십시오!

믿음의 소리는 기적을 받습니다. 예수님께 소리지르는 것이 믿음입니다. 아무리 많은 자들이 소리질러도 예수님은 믿음의 소리만 들으십니다.

예수님은 믿음의 소리에만 반응하십니다.

2) 어떤 경우에도 포기하지 마십시오!

믿음이 없는 자들은 믿음의 사람들이 소리지를 때 그만하라고 합니다. 포기하라고 협박합니다. 믿음의 사람들이 소리지르는 행동을 비난합니다. 하지만 믿음의 사람은 이런 자들의 소리를 이겨냅니다.

믿음은 포기하지 않고 예수님께 소리지르는 것입니다.

3) 지금도 예수님은 믿음으로 소리지르는 자를 고치십니다.

오늘도 예수님은 믿음의 소리에 걸음을 멈추고 기적을 보이십니다.

예수님의 치유하심을 믿으십시오!

지금 나의 믿음은 어떻습니까?

이 소경과 나의 믿음은 어떤 차이가 있습니까?
오늘 나의 소원을 이루기 위해서 어떻게 해야 합니까?

청중 결단

예수님을 향한 나의 믿음을 점검하십시오!
예수님께서 오늘 나에게도 물으십니다!

네게 무엇을 하여 주기를 원하느냐?

예수님께서 나의 소원을 이루실 분이라는 사실을 믿는다면 지금 소원을 말하십시오! 소리지르십시오!
주여! 보기를 원합니다!

예수님을 향한 믿음의 고백은 소원을 이루는 비결입니다.
이 시간 예수님을 향하여 다 같이 소리지릅시다.
믿음의 소리는 기적을 받습니다.

"성소의 휘장이 찢김으로 얼굴과 얼굴을 맞대는 새로운 만남이 성사되었습니다. 이제 다시 성소의 휘장은 없습니다. 오직 예수님 외에는 하나님을 만나는 길이 없습니다."

3부
마가복음 11~16장

복음,
삶이
되다

THE GOSPEL OF MARK

1
주께서 쓰시겠다고 하라 _ 막 11:1~10

🌿 **본문 핵심 관점 | 나귀 새끼**

예루살렘에 가까이 오신 예수님은 제자 중 둘을 마을로 보내시면서 2~3절의 말씀을 하셨습니다.

"이르시되 너희는 맞은편 마을로 가라 그리로 들어가면 곧 아직 아무도 타보지 않은 나귀 새끼가 매여 있는 것을 보리니 풀어 끌고 오라 만일 누가 너희에게 왜 이렇게 하느냐 묻거든 주가 쓰시겠다 하라 그리하면 즉시 이리로 보내리라 하시니"

마을에 들어가서 아무도 타보지 않은 나귀 새끼가 매여 있는 것을 보거든 무조건 끌고 오라고 하십니다. 만일 끌고 오다가 누가 왜 이렇게 하느냐고 묻거든 "주가 쓰시겠다"고 하면 된다고 하셨습니다.

설교를 이끄는 관점

예수님의 말씀이 이상하지 않습니까?
남의 것을 가져오려면 먼저 주인의 허락을 구하는 것이 상식입니다. 그런데 왜 주인의 허락도 구하지 않고 남의 나귀 새끼를 무조건 끌고 오라고 하십니까?

* 생각해 보십시오!
주인의 입장에서 자기 재산의 일부를 허락 없이 가져간다면 분명히 도적을 맞는 것입니다. 어느 주인이 자기의 재산인 나귀 새끼를 무조건 끌고 가는데 가만히 있겠습니까!

아무리 예수님의 말씀이라도 이럴 수는 없습니다.
주인이 이 일을 문제 삼아서 고발이라도 한다면 나귀 새끼를 끌고 오려던 제자들은 남의 물건을 도적질하는 사람으로 몰려 곤욕을 치르게 됩니다.

그냥 가져오다 발각되면 "주가 쓰시겠다"고 말하라 하셨습니다. 하지만 주가 누구인지 어떻게 알고 자신의 재산을 그냥 가져가도록 내버려두겠습니까? 이런 바보같은 주인은 없습니다.

주변에 있던 사람들이 예수님과 제자들의 이런 행실을 알고 나쁜 소문이라도 퍼뜨린다면 어떻게 되겠습니까? 앞으로 예수님의 행보에 아주 나쁜 영향을 미치게 될 것입니다.

하나님의 목적으로 해결

예수님께서 이렇게 하신 것은 이유가 있습니다.

예수님은 지상에 계시는 동안 아무것도 소유한 것이 없으셨습니다. 또한 단 한 번도 나귀를 타면서 호화를 누리신 적도 없으셨습니다.

예수님께서 갑자기 나귀를 끌고 오라고 요구하신 것은 이 나귀를 타고 예루살렘 성에 입성하심으로 예수님에 대한 약속들을 이루시며 모든 자들에게 예수님이 약속된 메시야임을 공개적으로 보여주시려는 것입니다.

1. 나귀 타고 입성하시는 메시야에 대한 약속(슥 9:9~10)을 성취하셨습니다.

"시온의 딸아 크게 기뻐할지어다 예루살렘의 딸아 즐거이 부를지어다 보라 네 왕이 네게 임하시나니 그는 공의로우시며 구원을 베푸시며 겸손하여서 나귀를 타시나니 나귀의 작은 것 곧 나귀 새끼니라 내가 에브라임의 병거와 예루살렘의 말을 끊겠고 전쟁하는 활도 끊으리니 그가 이방 사람에게 화평을 전할 것이요 그의 통치는 바다에서 바다까지 이르고 유브라데 강에서 땅

끝까지 이르리라"

스가랴에게 약속된 메시야가 바로 예수님이심을 보여주셨습니다. 나귀를 타고 입성하심으로 그 예언을 이루셨고, 만왕의 왕이신 예수님을 모두에게 보이셨습니다.

2. 예수님께서 나귀를 타고 입성하심으로 예수님이 어떤 분이신가를 보여주셨습니다.
권세와 권력을 앞장세우는 이 세상의 왕들과는 전혀 다른 모습으로 그분은 겸손과 낮아지심으로 하나님의 뜻을 세우시는 참된 왕이심을 모두에게 보여주셨습니다.

3. 모든 이들의 찬송에 예수님은 침묵하셨습니다.
나귀 타고 입성하시는 예수님을 향한 많은 사람들의 환희에 침묵하심으로 예수님은 그 많은 사람들의 기대와 전혀 다른 목적으로 입성하심을 보여주셨습니다.

관점으로 청중 적용

사랑하는 여러분!

1. 여러분은 나귀 타신 예수님의 모습을 어떻게 생각했습니까?
여러분의 눈에도 예수님의 모습이 너무 초라하지 않습니까?

* 세상은 강력한 힘을 가진 자(왕)를 원합니다.
그래서 저마다 힘을 가지려고 갖은 노력을 다합니다.
그런데 예수님의 모습은 이런 것과는 너무도 거리가 있습니다.
세상을 구원할 분이시라면 이런 모습이 아닌 더 강력하고 힘 있는 자의 모습을 가져야 된다고 생각하지 않습니까?

* 그래서 우리는 이런 연약한 모습의 예수님을 드러내는 일을 부끄럽게 생각합니다. 예수님을 당당하게 말하지 못합니다. 이런 예수님이 자랑스럽지 않습니다. 예수님을 믿는 것이 부끄럽고 창피해서 숨기거나 감추려고 합니다. 때로 이런 예수님의 모습을 세상 사람들이 비난하거나 업신여길 때 아무 말도 하지 못합니다.

2. 예수님은 나귀 새끼를 타고 우리를 구원하셨습니다.
예수님의 구원은 총과 칼로 이루신 구원이 아닙니다.

1) 자신을 감추시고 오직 하나님의 약속을 앞세우신 결과입니다.
하나님의 약속을 성취하시려고 자신의 모든 것을 감추셨습니다.
이런 예수님 앞에서 지금 나는 어떤 모습으로 그분을 따르고 있습니까?

2) 오늘 나귀 새끼를 찾으신 것처럼 나를 요구하신다면 어떻게 하시겠습니까?
"주가 쓰시겠다"는 말씀에 나를 헌신할 수 있겠습니까?
주님은 나를 위하여 전부를 드리셨다는 것을 알고 있습니까?

그렇다면 오늘 나는 어떤 대답을 준비해야 하겠습니까?

3) 예수님을 따르는 길은 화려하지 않습니다. 세상적인 기대와 영광을 버려야 예수님을 바로 좇을 수 있습니다.

예수님을 바르게 따르는 자에 대한 영광은 주님께서 준비하십니다.

청중 결단

그동안 예수님을 위하여 어떻게 살아왔는가를 살펴보십시오!

그동안 예수님께서 쓰시겠다고 할 때 무엇을 드렸는지도 살펴보십시오!

* 오늘 내가 드릴 나귀 새끼는 무엇입니까?

* 당장이라도 예수님께서 원하시면 드릴 수 있는 믿음을 가지십시오!

나귀보다는 더 존귀하게 쓰임 받아야 하지 않겠습니까!

2
말라버린 무화과나무 _ 막 11:12~14

🌿 **본문 핵심 관점 | 왜 말라버렸을까**

본문은 평소와 너무도 다른 예수님의 모습을 보여주고 있습니다. 성전을 나와 길을 지나시던 예수님은 잎이 무성한 무화과나무를 발견하고 무엇을 얻을까 하여 가까이 가셨습니다. 하지만 아무것도 발견하지 못한 예수님은 곧바로 이 나무를 저주하셨습니다.

14절 "예수께서 나무에게 말씀하여 이르시되 이제부터 영원토록 사람이 네게서 열매를 따 먹지 못하리라 하시니 제자들이 이를 듣더라"

평소 예수님은 문제의 해결자셨습니다.

문제가 있다고 화를 내거나 저주한 적은 거의 없으셨습니다.

설교를 이끄는 관점

너무 당황스럽지 않습니까?
예수님께서 얻으시려는 열매가 없다고 무화과나무를 영원히 열매 맺지 못하도록 저주하시다니 우리가 믿고 따르던 예수님의 모습이 맞습니까?

이런 예수님의 모습은 마치 자신의 감정을 다스리지 못하여 혈기부리시는 모습으로 보입니다. 이를 지켜보던 사람들은 예수님의 저주 소리를 듣고서 무슨 생각을 했겠습니까?

13절 "이는 무화과의 때가 아님이라"

마가도 예수님의 행동을 주목하고 있었습니다. 그때는 무화과 열매가 없는 것이 당연했기 때문입니다.

무화과는 6월이 되어야 수확할 수 있습니다.
유월절 시즌에는 무화과나무에 막 잎이 돋기 시작하고 그 나무에는 덜 익은 초기 무화과가 달려있을 때입니다.

예수님께서 이런 사실을 모르고 무화과의 열매를 찾으신 것입니까? 분명히 그 시기에는 무화과의 열매를 먹을 수 없었습니다.

열매가 있어도 먹을 수 없는 초기 단계 정도였습니다. 이런 사실을 예수님께서 모르실 리 없습니다.

왜 예수님은 이 무화과나무를 저주하셨습니까?

정말 너무 시장하셔서 짜증이라도 부리셨을까요?

하나님의 목적으로 해결

예수님은 그런 분이 아닙니다.

이 무화과나무를 저주하신 사건 전후 예수님의 모습을 주목해야 합니다.

무화과나무를 저주하시기 전에 예수님은 예루살렘 성전 안에 들어가셔서 모든 것을 둘러보고 나오셨습니다(11절). 그리고 이튿날 다시 성전으로 가시던 길에 이 무화과나무를 저주하셨고 성전에 들어가셔서 성전 안에서 매매하던 자들을 내어 쫓으시며 성전을 청소하였습니다(15-19절).

"그들이 예루살렘에 들어가니라 예수께서 성전에 들어가사 성전 안에서 매매하는 자들을 내쫓으시며 돈 바꾸는 자들의 상과 비둘기 파는 자들의 의자를 둘러 엎으시며 아무나 물건을 가지고 성전 안으로 지나다님을 허락하지 아니하시고 이에 가르쳐 이르시되 기록된 바 내 집은 만민이 기도하는 집이라 칭함을 받으리라고 하지 아니하였느냐 너희는 강도의 소굴을 만들었도다 하시매"

그렇다면 이 무화과나무를 저주하신 것은 의도적인 예수님의 행동이심을 알 수 있습니다.

예수님께서 무화과나무를 찾으셨을 때 그 나무는 당연히 맺고 있어야 할 초록 무화과조차도 없었습니다. 잎만 무성했지 최소한의 의무조차 하지 못했습니다. 예수님은 이 무화과나무의 모습이 당시 성전의 모습이었음을 보여주셨습니다. 당시 예루살렘 성전은 모두 잎사귀뿐이었고 어떤 열매도 맺지 못했습니다.

1. 성전의 본질(내용)이 사라졌습니다(11절).

예배와 기도는 도무지 찾아볼 수 없었습니다. 예배와 기도가 사라진 지 오래였습니다. 하나님과의 관계가 단절된 지 오래였습니다.

2. 성전은 보여주기 위한 건물에 불과했습니다(15-16절).

제사장들과 사람들은 성전 안에서 보여주기 위한 외식적인 종교행위를 했을 뿐 그들 모두는 성전을 이용하여 서로의 이익을 챙기기에 혈안이었습니다(15-16절).

3. 성전을 통한 미래는 없었습니다(17절).

하나님의 실망은 진노로 나타났습니다(미 7:1, 렘 8:13). 결국 이 성전과 그들의 내일을 무화과나무를 통해 보여주셨습니다(21절). 말라버린 무화과나무는 이들 앞에 나타나게 될 끔찍한 결과입니다(13:1-2).

관점으로 청중 적용

사랑하는 여러분!

1. 우리 주변에도 잎만 무성한 무화과나무들이 너무 많이 있습니다.

당시 예루살렘 성전에 비교할 수 없는 웅장하고 화려한 교회당들이 셀 수 없을 정도입니다. 어떤 교회는 수십만 명이나 되는 성도들이 예배하기 위하여 그 교회를 찾는다고 합니다. 생각해 보십시오! 웅장하고 화려하게 치장된 교회 안에서 수십만 명의 사람들이 모여서 예배드리는 모습이 대단하지 않습니까!

그런데 왜 우리 주변에는 예수님께서 찾으시는 열매는 없는 것일까요?

* 그리스도인으로서 최소한의 열매라도 맺은 자들이 얼마나 될까요?
* 웅장하고 화려하게 꾸며진 교회들은 얼마나 제 기능을 하고 있을까요?
* 과연 지금 우리의 모습으로 우리의 내일을 기대해도 될까요?

2. 지금 우리의 모습을 돌아보아야 할 때입니다.

예수님이 찾으신 것은 본질입니다. 내용입니다.
본질이 무너진 교회는 예수님의 책망과 진노의 대상입니다.

1) 본질은 하나님과의 관계입니다.

예수님의 눈에 보인 성전은 더 이상 하나님과 관계를 유지할 수 없었습니다. 하나님과의 관계를 나타내는 예배가 형식으로 전락했기 때문입니다. 그 누구도 하나님과의 본질을 지키기 위해서 나서는 자들이 없었습니다.

18절 "대제사장들과 서기관들이 듣고 예수를 어떻게 죽일까 하고 꾀하니"

본질이 무너진 예배 인도자들이 자신의 치부를 드러내자 예수를 없애버릴 생각부터 했습니다.

2) 청소해야 할 것은 청소해야 합니다.

복음 외에 교회를 통하여 개인의 이익이나 다른 목적을 이루려는 사람들이 있다면 이제는 멈추어야 합니다. 이런 교회와 사람들은 예수님의 청소 대상입니다. 교회는 복음 외에 어느 것도 보여주어서는 안 됩니다.

3) 하나님은 열매를 찾고 계십니다.

하나님의 나라와 우리 교회들의 내일을 기대하고 계십니다.

하지만 열매 맺을 기미가 보이지 않는다면 큰일입니다.

오늘 열매를 기대하고 나를 찾아오시는 예수님을 실망시켜드리지 마십시오!

청중 결단

잃어버린 열매가 무엇인지 살핍시다!
내가 맺어야 할 열매가 무엇일까요?

3
믿음 _ 막 11:20~26

🌿 **본문 핵심 관점 | 무엇이 믿음인가**

마가는 무화과나무에 대한 이야기를 놓치지 않고 있습니다. 다음날 아침 예수님과 제자들이 그 길을 지날 때에 끔찍한 광경을 보았습니다. 예수님께서 책망하셨던 그 무화과나무가 뿌리째 말라 있었습니다. 아무도 생각하지 못했던 일인지라 모두가 놀라서 걸음을 멈추고 그 광경을 바라만 보고 있었습니다.

이때 베드로가 어제 예수님께서 무화과나무를 책망하신 것이 생각나서 그 광경을 예수님께 설명했습니다.

21절 "베드로가 생각이 나서 여짜오되 랍비여 보소서 저주하신 무화과나무가 말랐나이다"

이 말을 들으신 예수님께서

22절 "예수께서 그들에게 대답하여 이르시되 하나님을 믿으라"고 하셨습니다.

설교를 이끄는 관점

예수님께서 저주하셔서 말라버린 무화과나무와 하나님을 믿으라는 말씀은 연결되지 않는 말씀입니다. 지금 제자들은 무화과나무가 말라버린 일로 충격을 받았습니다. 그 건장한 나무가 하룻밤 사이에 뿌리째 말랐다니 보고도 믿을 수 없었기 때문입니다.

그런데 예수님은 이 상황과 전혀 상관없는 말씀을 하셨습니다. "하나님을 믿으라"니 이 상황에서 이런 말씀을 하시는 이유가 무엇입니까?

예수님의 말씀대로라면 무화과나무가 말라비틀어진 것이 문제가 아니라 제자들이 하나님을 믿지 않는 것이 더 큰 문제라는 말인데…. 베드로를 위시한 제자들은 하나님을 믿으라는 예수님의 말씀을 얼마나 이해할 수 있었을까요?

말라버린 무화과나무와 제자들의 믿음을 연결하는 것은 무언가 어색한 느낌입니다.

예수님께서 "하나님을 믿으라"고 말씀하신 것은 무엇 때문일까요?

하나님의 목적으로 해결

제자들의 문제를 지적하신 것입니다.

지금 제자들은 무화과나무가 말라버린 일에 대해서는 놀라움을 금하지 못하면서 정작 그 일을 행하신 예수님에 대해서는 전혀 관심이 없기 때문입니다.

이들은 예수님께서 무화과나무를 저주하실 때 그 곁에서 들었습니다(14절). 하지만 정말 무화과나무가 말라비틀어지리라고는 아무도 믿지 않았습니다. 이들은 아직도 예수님이 누구신지 알지 못하며 그 말씀의 능력이 어느 정도인지 믿지 못했습니다.

예수님은 이들에게

1. 예수님이 누구신지를 다시 한 번 말씀하셨습니다(22절).

무화과나무를 저주하신 예수님은 하나님이십니다. 하나님의 책망과 저주를 감당할 수 있는 피조물은 없습니다. 예수님은 말라버린 무화과나무를 통하여 예수님이 하나님이심을 믿으라 하셨습니다.

2. 믿음을 방해하는 요소는 의심입니다(23절).

예수님께서 무화과나무를 저주 하실 때 곁에서 들은 제자들은

"설마", "말도 안 되는 말씀을 하신다" 이런 생각을 했습니다. 이것이 의심입니다. 말씀하신 대로 된다는 확신은 믿음이며, 말씀하신 대로 된다고 믿지 못하는 것은 의심입니다. 의심은 아무것도 할 수 없게 합니다.

의심하는 자에게는 어떤 능력도 일어나지 않습니다.

3. 믿음은 능력입니다.
* 믿음은 산을 옮기는 능력입니다(23절).
  믿음은 불가능을 가능하게 하는 능력입니다.
  믿음으로 하지 못할 것은 아무것도 없습니다.

* 믿음은 기도 응답의 비결입니다(24절).
  구하는 바가 이루어진 것을 믿으면 그대로 되리라고 하셨습니다. 믿음으로 구하는 자는 반드시 응답을 받습니다.
  기도의 시간, 장소, 내용보다 믿음이 우선입니다.

4. 믿음의 사람들은 이기적이고 단절된 삶을 살지 않습니다(25절).
  "믿는(believing)" 자의 삶은 하나님과 사람들에게 신뢰를 얻습니다. 하나님과 사람들과의 관계를 중시합니다.
  믿음의 사람들은 다른 사람들과의 관계가 살아있습니다. 절대로 폐쇄된 자가 아닙니다.

관점으로 청중 적용

사랑하는 여러분!

1. 무엇을 보면서 놀라고 계십니까?
지금 주변에 무화과나무가 말라버린 일 때문에 떠들썩합니까?

* 누구는 병을 고쳤다.
* 누구는 신비한 체험을 했다.
* 누구는 어떤 문제가 해결되었다.

예수님은 온데간데없고 눈에 보이는 결과만을 가지고 요란을 피우는 자들이 있습니다. 또는 이런 믿음의 결과에 대하여 전혀 반응이 없는 자들도 있습니다.

여러분은 무화나나무가 뿌리째 말라버린 사건을 본다면 어떻게 반응하시겠습니까?
누구에게 달려가서 어떤 말부터 하시겠습니까?

2. 믿음을 지키십시오.
믿음으로 산을 옮기는 기적을 누릴 수 있습니다.
예수님은 믿음의 사람을 주목하십니다.

1) 믿음의 대상은 예수님이십니다.
예수님만이 유일한 믿음의 대상이십니다.

믿음의 대상이 잘못되면 결과도 헛것입니다.

2) 말씀하신대로 이루어질 줄 믿으십시오.
말씀대로 되는 것을 믿는 것이 믿음입니다.
말씀대로 되지 않는다고 건성으로 흘리면 그것은 의심입니다.
무슨 말씀을 하시든지 그대로 믿으면 그 믿음대로 기적을 주십니다.

3) 믿음으로 사는 자는 관계를 중시합니다.
하나님과의 관계는 당연하게 여기면서 사람들과의 관계를 잘못하면 믿음의 결과가 나타나지 않습니다.

청중 결단

말씀대로 움직입시다!
말씀대로 움직이는 것이 믿음입니다!

4
건축자들의 버린 돌 _ 막 12:1~12

🌿 **본문 핵심 관점** | **아들(권세)**

예수님께서 성전을 청소하신 사건은 대단한 충격이었습니다. 특별히 대제사장과 서기관들, 장로들에게는 더욱 그러했습니다.

예수님께서 성전에서 보여주신 행동은 당시 종교 지도자들이었던 이들의 권위를 공개적으로 묵살하는 행위였기 때문입니다. 그래서 이들은 예수님께 몰려와서 "무슨 권세로 이런 일을 하느냐"고 따져 물었습니다.

이들의 질문에 대하여 예수님은 두 가지를 말씀하셨습니다. 하나는, 막 11:30절에 "요한의 세례가 하늘로부터냐 사람으로부터냐 내게 대답하라"고 물으셨고, 또 하나는 본문의 비유를 들려주셨습니다. 포도원의 일꾼들은 주인이 없는 동안 일정한 비율로 생산물에 대한 세를 주기로 계약을 했습니다.

하지만 그 일꾼들은 주인이 세를 받기 위해서 보낸 종들을 여러 번 폭행하고 세도 내지 않았습니다. 급기야 주인은 아들을 보내어 최후통첩을 했지만 일꾼들은 그 아들마저 죽이고 포도원을 통째로 탈취하려고 했습니다.

이 말을 들은 종교 지도자들은 이 비유가 자신들을 가리켜 말씀하신 줄 알고 예수님을 잡고자 하되 무리를 두려워하여 예수를 두고 갔습니다(12절).

설교를 이끄는 관점

당시 종교 지도자들은 이 비유가 자신들을 향하여 하신 말씀이라는 것을 어떻게 알았습니까? 그렇다면 이들이 포도원의 일꾼들처럼 그동안 주인이 보낸 많은 사람들을 죽였다는 말입니까? 그리고 이들이 아들을 죽이고 포도원을 통째로 삼켰단 말입니까?

예수님께서 이 비유를 하신 이유는 무엇입니까?

하나님의 목적으로 해결

예수님께서는 당시 종교 지도자들이 예수님을 향하여 어떤 생각을 가졌는지를 공개하셨습니다.

당시 종교 지도자들은 예수님께서 포도원에 대한 이야기를 꺼내실 때 이스라엘이 하나님의 포도밭이라는 사실을 알고 있었습니다(사 5:1-5). 그리고 그 패역한 일꾼들을 말했을 때 그들의 선조들을 떠올렸습니다. 일꾼들에게 보내진 종들은 선지자들이었고, 그 선지자들은 자신의 권리와 욕심을 앞세운 자들에게 죽임을 당했습니다.

예수님께서 이 비유를 하신 목적은, 예수님께서는 자신이 하나님 아들의 권세를 가지고 이 땅에 오셨음을 선포하심으로 이들이 하나님의 부르심에 응답할 마지막 기회를 주신 것입니다.

1. 하지만 그들은 자신에게 주어진 기회를 잃어버렸습니다(12절).

자신의 실체가 드러나자 오히려 이들은 예수님을 향하여 더 거세게 저항했습니다. 정말로 예수님을 잡아서 죽이려고 했지만 무리들의 시선 때문에 다음 기회로 미루었습니다.

2. 예수님은 결국 이들에 의해서 버림당할 것을 예고하셨습니다(10절).

예수님은 시 118:22을 인용하시면서 당시 종교 지도자들에 의해 버려진 하나님의 아들이 모든 것의 주인이 될 것을 예고하셨습니다. 이는 예수님께서 이들에 의해서 버림당하고 죽으실 것을 예고하심으로 이들이 누구인지를 고발하셨습니다.

3. 예수님은 포도원을 회복시키려고 오신 하나님의 아들이십니다(6절).

예수님의 모든 권세는 하늘로부터 온 것입니다.

관점으로 청중 적용

1. 예수님의 권세에 도전하는 세력들이 여기저기에서 일어나고 있습니다.

* 종교의 가면을 쓴 사탄의 세력들입니다.
이들은 예수님을 전혀 모르는 자들입니다.
예수님의 이름을 앞세우면서 예수님의 이름과 권세를 가로막는 자들입니다.
그래서 사람들은 이들에 대하여 경계심을 갖지 않습니다.

* 예수님을 무너뜨리고 자신의 권세를 내세우려는 세력들입니다.
이단세력들입니다. 예수님의 자리를 차지하고 예수님 행세를 하는 자들입니다. 이들의 권세는 하늘에서 온 것이 아닙니다. 사탄에게서 온 것입니다.

* 사탄의 세력들을 보면서 방관하는 자들입니다.
예수님께서 "나와 함께 아니하는 자는 나를 반대하는 자요 나와 함께 모으지 아니하는 자는 헤치는 자니라"(마 12:30)

고 하신 말씀을 기억해야 합니다.

2. 예수님은 우리를 회복하시러 오신 하나님의 아들이십니다.
아들 예수님이 아니면 우리를 회복할 수 없기에 아버지 하나님은 아들을 친히 보내셨습니다.

1) 예수님의 권세를 믿으십시오!
예수님의 권세는 하나님 아들의 권세, 하나님의 권세입니다.
이 권세만 있으면 죽음과 사망의 권세가 우리를 어찌할 수 없습니다.
사탄의 권세가 예수님의 권세 앞에 어쩔 도리가 없습니다.

2) 예수님의 권세에 대적하는 권세들을 이겨내십시오!
예수님을 대적하는 세력들을 물리쳐야 합니다.
예수님의 권세로 이들을 굴복시켜야 합니다.
하나님을 거부하는 자는 멸망뿐입니다.

3) 예수님께 굴복하십시오!
예수님께 나아오는 자, 예수님의 권세에 엎드리는 자는 반드시 승리합니다.

청중 결단

모든 영광을 예수님께!

5
가이사의 것 _ 막 12:13~17

🌿 **본문 핵심 관점 |** **무엇이 가이사의 것인가**

바리새인과 헤롯당 중에서 몇 사람을 보내어 예수님을 책잡으려고 일부러 곤란한 질문을 했습니다.

14절 "가이사에게 세금을 바치는 것이 옳으니이까 옳지 아니하니이까"

사실 이것은 아주 민감한 문제였습니다.
로마가 BC 63년에 유대를 점령한 후 남자는 14세, 여자는 12세부터 65세까지 납세의무를 부여했습니다. 이 세금 문제는 로마인과 유대인들 모두 아주 예민하게 반응하는 부분이라서 예수님의 답변에 따라서 큰 파장을 불러올 수도 있습니다.

예수님께서 세금을 바치라고 하면 세금 때문에 착취당하던 유대인들의 불신을 일으킬 것이고, 반대로 세금을 바치는 것이 옳지 않다고 한다면 로마에 반기를 드는 세력으로 오인되어 큰 곤욕을 치르게 됩니다.

이때 예수님은 "어찌하여 나를 시험하느냐"고 이들의 속마음을 드러내신 후 데나리온 하나를 보여달라고 하셨습니다. 그리고 데나리온을 가져온 그들에게 "이 형상과 이 글이 누구의 것이냐"고 묻고 "가이사의 것이니이다"라는 대답을 들으신 후,

17절 "가이사의 것은 가이사에게, 하나님의 것은 하나님께 바치라"고 하셨습니다.

설교를 이끄는 관점

예수님의 말씀은 가이사에게 세금도 내고 하나님의 것도 내라는 요구셨습니다.

그렇지 않아도 가이사의 것 때문에 시달리던 백성들이 예수님의 답변을 듣고 어떤 반응을 했을까요?
가이사의 것을 내는 것도 힘들어서 죽을 지경인데 거기에다 하나님의 것까지 요구하시는 예수님을 향하여 불평과 불만이 한꺼번에 쏟아질 것입니다.

로마인들의 입장에서는 박수를 쳐야 되는 일입니다.

그렇지 않아도 세금 문제 때문에 골치가 아프던 차에 유대인들의 지도자인 예수님께서 직접 "가이사의 것은 가이사에게 바치라" 하셨으니 얼마나 고마웠겠습니까?

또 한편으로는 예수님이 답변이 애매하기도 합니다.

"가이사의 것은 가이사에게, 하나님의 것은 하나님께"

일부러 직접적인 답변을 피하려는 의도가 있는 것처럼 들립니다. 왜 이런 말씀을 하셨을까요?

이렇게 말씀하신 진짜 이유는 무엇일까요?

하나님의 목적으로 해결

당시 유대 사회에는 두 가지 유형의 동전이 사용되었습니다. 하나는 아무것도 새겨져 있지 않은 것과 황제의 형상과 글이 새겨진 동전이었습니다.

유대인들은 아무것도 새겨져 있지 않은 동전을 사용했습니다. 그런데 예수님께서 질문을 던진 자들은 황제의 초상이 새겨진 동전을 가지고 있었습니다. 이들이 로마 정부의 협력자임이 드러난 것입니다. 그리고 이들이 예수님께 이런 질문을 던진 것은 예수님을 반정부 세력으로 몰아세워서 군중들로 하여금 예수님을 처단하게 하려는 목적이 있었습니다.

그들의 이런 속내를 아신 예수님께서 "가이사의 것은 가이사에게, 하나님의 것은 하나님께 바치라"고 하심으로 아주 중요한 부분을 지적하셨습니다. 예수님은 그들이 던진 질문의 답을 스스로 찾게 하셨습니다. 황제의 초상이 새겨진 동전을 갖고 다니면서 황제에게 충성을 다하는 그들에게 "하나님의 것은 하나님께 바치라", 즉 너는 하나님의 것으로서 하나님께 어떻게 충성하고 있느냐고 되물으신 것입니다.

1. 예수님은 세금을 내야 한다, 내지 말아야 한다, 말씀하신 것이 아닙니다.

마땅히 주어진 의무와 충성에 대한 질문을 갖게 하셨습니다. 가이사에게 충성하듯이 하나님께도 충성하고 있는가를 스스로 판단하라고 하셨습니다.

2. 가이사의 것과 하나님의 것은 동등한 개념이 아닙니다.

가이사의 것도 하나님의 것입니다. 우리의 진정한 충성의 대상이 누구인지에 대한 질문을 던지셨습니다. 가이사에게는 충성하면서 하나님께는 충성하지 않는 자신의 모습을 보게 하셨습니다.

3. 예수님은 하나님 안에서 황제의 통치권을 인정하셨습니다.

하나님의 것(시민)으로서 불법을 행하는 것이 옳은 일인가를 스스로 판단하게 하셨습니다. 하나님의 백성들은 황제의 보호를 받으며 하나님의 나라를 이루어 갑니다. 그러므로 황제의 법을 지키는 것은 당연합니다.

관점으로 청중 적용

사랑하는 여러분!

1. 그리스도인으로서 가이사의 것에 대한 혼란들은 지금도 여전히 존재합니다.
그리스도인들의 가이사에 대한 의무와 책임은 어디까지인가?
그리스도인들은 가이사의 법을 어기면서까지 신앙을 해야 되는가? 신앙과 국가는 어떤 관계인가?
가이사의 것은 가이사에게 하나님의 것은 하나님께 의무와 충성을 다하는가? 가이사의 것 때문에 지탄의 대상이 된 그리스도인들이 적지 않습니다. 이들의 궁색한 변명은 하나님의 것을 위하여 가이사의 것을 내놓지 못했다고 합니다.

여러분은 가이사의 것과 하나님의 것에 대해 어떤 생각을 가지고 있습니까?

2. 모든 것은 하나님의 것입니다.
하나님의 통치 아래 모든 것이 존재합니다.
하나님은 하나님 나라를 위해서 이 땅의 모든 것을 통치하고 계십니다.

1) 모든 것은 하나님의 영광을 위해서 존재합니다.

국가도, 백성도, 돈도 하나님의 영광을 드러내기 위한 도구입니다. 가이사의 것은 없습니다. 가이사도 하나님의 것을 사용할 뿐입니다. 가이사가 창조하고 움직일 수 있는 것은 아무것도 없습니다. 모든 것은 하나님의 영광을 위한 도구일 뿐입니다.

2) 하나님의 나라의 시민으로서 의무와 책임을 다해야 합니다.

국가는 하나님이 통치하시는 영역 안에서 백성들의 안전과 안녕을 책임져야 합니다. 이를 위해서 국가는 백성들로부터 의무와 책임을 요구할 수 있습니다. 다만 양심의 자유를 따라서 신앙양심을 더럽히는 요구는 거절할 수 있습니다. 하지만 일반적인 의무와 책임은 그리스도인들이 솔선수범해야 될 일입니다.

3) 모든 것은 하나님이 우선입니다.

하나님에 대한 의무와 책임은 저버리고 가이사의 것에 목숨을 거는 것은 그리스도인의 삶의 우선순위가 무너진 것이며 하나님을 배은하는 행위입니다.

청중 결단

나는 하나님의 것으로 어떤 삶을 우선하고 있습니까?
나는 가이사의 것과 하나님 것에 대한 의무와 책임을 다하고 있습니까?

6
사두개인들의 오해 _ 막 12:18~27

🌿 **본문 핵심 관점 | 부활**

바리새인들이 예수님을 함정에 몰아넣으려던 것은 실패했습니다(13-17절). 그러자 이번에는 사두개인들이 예수님을 공격했습니다. 사두개인은 유대교 계층 안에서 분리된 한 종파입니다. 이들은 많은 경우 바리새인들과 반대 입장을 가진 자들이었지만 지금은 예수님을 공격하기 위해서 하나가 되었습니다.

바리새인들은 사후 세계를 믿지만 사두개인들은 부활을 근거 없는 가르침이라고 거부했습니다. 사두개인들이 부활에 대한 이슈를 가지고 예수님을 공격했습니다.

설교를 이끄는 관점

사두개인들은 신 25:5-6절을 근거로 이런 질문을 했습니다. 본문 19-23절까지의 내용입니다. 요약하면, 어떤 사람의 형이 자식 없이 아내를 두고 죽으면 그 동생이 그 아내를 취하여 상속자를 얻어야 하는데 칠 형제 모두가 한 아내를 두고 상속자를 얻고자 했으나 얻지 못하고 그 여자도 죽었다면 부활 때 그 여자는 누구의 아내가 되어야 하느냐는 질문입니다.

* 당시는 후사를 얻기 위하여 이런 일이 종종 있었습니다.
이런 사두개인들의 질문을 무리 중에 있던 그들이 들었다면 아주 민감한 반응을 했을 것입니다.

* 생각해보면 매우 복잡한 문제입니다.
그 여자는 칠 형제 모두에게 아내였습니다. 칠 형제 모두 자기 아내라고 주장한다면 그는 누구를 선택해야 합니까?

여러분은 누구의 아내여야 한다고 생각합니까?

사두개인들의 질문을 받으신 예수님은 이들이 크게 오해하고 있음을 지적하셨습니다. 사두개인들은 성경을 근거로 질문했습니다. 그러나 예수님은 사두개인들이 무엇을 오해했다고 하십니까?

하나님의 목적으로 해결

사두개인들의 질문은 두 가지였습니다.

하나는, 죽음 이후에도 혼인관계가 지속 되는가. 또 하나는 죽음 이후에도 삶이 지속되는지 여부였습니다. 예수님은 두 가지 문제를 모두 답해 주셨습니다. 예수님은 사두개인들이 성경에 대한 잘못된 해석과 하나님의 능력에 대한 무지, 오해로 인해 이런 어처구니없는 질문을 한 것이라고 책망하셨습니다. 이들은 성경을 자기 마음대로 해석했습니다.

예수님은 25-27절에서 이들의 질문에 분명한 답을 하셨습니다.

1. 부활은 반드시 있다고 선언하셨습니다(25절).
"사람이 죽은 자 가운데서 살아날 때에는"
예수님은 죽은 자들이 반드시 살아나는 부활이 있음을 선언하심으로 부활이 없다는 사두개인의 입장에 정면으로 맞서셨습니다.

2. 부활 이후에는 더이상 혼인 관계가 지속되지 않습니다(25절).
"장가도 아니 가고 시집도 아니 가고"
부활의 때는 혼인 관계가 지속되지 않기 때문에 누구의 아내여야 하는지는 아무 소용이 없고, 죽음이 없는 곳에는 출산해야 하는 그런 특별한 관계가 더 이상 필요치 않음을 말씀하셨습니다.

3. 사두개인은 모세오경을 믿고 따르는 자들로서 하나님에 대한 신앙이 전혀 없는 무지한 자들임을 드러내셨습니다 (26-27절).

사두개인들은 출 3:6과 신 6:4의 말씀을 알고 따르던 자들입니다. 그들은 입으로는 아브라함의 하나님, 이삭의 하나님, 야곱의 하나님을 말하면서 하나님께서 그들과 언약하셨고, 지금도 그들과 함께 계심을 믿지 못했습니다. 그들과의 언약은 강조하면서 그들과 함께하시는 살아계신 부활의 하나님을 부인하는 어리석은 자들임을 책망하셨습니다.

4. 죽음 이후에는 영원한 삶이 존재합니다(25절).

우리에게는 살아계신 하나님과 함께 천사와 같은 모습으로 영생을 누리는 삶이 지속됩니다. 천국과 부활을 이 땅의 삶과 같은 방식으로 이해해서는 안 됩니다.

관점으로 청중 적용

사랑하는 여러분!

1. 천국과 부활에 대하여 어떤 생각을 갖고 있습니까?

한 번도 경험하지 못한 세계이기 때문에 이성과 논리로 천국과 부활을 이해하려는 사람들이 적지 않습니다.

* 죽음 이후는 없다. - "죽음이 끝이다"라는 절망적 사고를 가진 사람이 있습니다.

* 죽음 이후에 어떤 일이 생길지 모른다는 불가지론적 사고를 가진 사람들도 있습니다.
* 믿음의 사람들 중에도 천국과 부활에 대한 확신이 없는 사람들이 많습니다.

나는 천국과 부활에 대하여 어떤 신앙을 가지고 있습니까?

2. 하나님은 산 자의 하나님이십니다.
천국과 부활을 믿지 못하는 것은 죽은 자입니다. 하나님의 자녀 된 자의 삶은 아닙니다.

1) 인간에게는 세 가지의 죽음이 있습니다.
 육체의 죽음과 영혼의 죽음 그리고 영원한 죽음이 있습니다.
* 육체의 죽음은 몸과 영혼이 분리되는 죽음, 사망입니다.
* 영혼의 죽음은 아직 예수님을 영접하지 않은 불신 상태를 의미합니다. 죄로 인하여 죽은 영혼이 거듭나지 못한 상태입니다.
* 영원한 죽음은 예수님을 영접하지 않은 영혼이 지옥에 던져지는 영원한 멸망을 의미합니다.

2) 예수님을 믿는 자는 산 자입니다.
 이 땅에서 영혼이 살고 죽음 이후에 살아계신 하나님과 부활 영생을 누릴 자입니다. 산 자만이 부활과 천국을 누립니다. 절대로 죽음은 끝이 아닙니다. 죽음 이후에 영원한 삶이 지속됨을 잊지 말아야 합니다. 그러므로 이 땅에서 예수님을 영접하여 산 자가 되어야 합니다.

3) 부활 신앙, 천국 신앙으로 굳게 서십시오.

요 11:25-26 "예수께서 이르시되 나는 부활이요 생명이니 나를 믿는 자는 죽어도 살겠고 무릇 살아서 나를 믿는 자는 영원히 죽지 아니하리니 이것을 네가 믿느냐"

예수님을 믿는 자들은 영원히 살아있는 자입니다. 이 믿음과 확신으로 죽음의 권세를 정복하십시오.

청중 결단

가까운 형제와 자매들을 천국 보내기 운동을 합시다.
이 땅에서도, 내세에서도 영원히 산 자로 살아가게 합시다.

7
예수님의 눈 _ 막 12:41~44

본문 핵심 관점 | 헌금(보시고)

　바리새인과 서기관의 외식적인 행동과 과부들의 가산을 교묘히 삼키며 가증스럽게 재물을 착복하던 그들의 소행을 책망하시던 예수님께서 성전 안 헌금함 앞에서 잠시 걸음을 멈추시고 헌금하던 백성들의 모습을 보고 계셨습니다.

　당시 성전 안에는 13개의 헌금함이 놓여 있었습니다.
　헌금함이 놓여 있던 곳은 "여인의 뜰"이라 불리는 곳이었습니다. 이곳은 이방인의 출입이 제한되고 남녀 유대인들만 출입할 수 있는 곳이었습니다.
　여인의 뜰 벽을 따라서 일렬로 놋쇠로 된 나팔 모양의 헌금함이 13개 놓여 있었는데, 9개는 성전세나 희생제물 대신 바치는 헌금을 넣는 궤였고, 4개는 성전의 수선과 장식을 위한 헌금을 넣는 궤였습니다. 아마도 예수님은 성전 안에 들어가는 행렬들이 13개의 헌금함에 저마다 준비한 헌금을 정성스레 넣는 것을 보고 계신 듯합니다.

부자와 가난한 자들이 섞여서 헌금함에 헌금하던 것을 보시던 주님께서 갑자기 제자들을 부르시더니 오늘 최고의 헌금을 드린 사람이 있다고 하셨습니다. 깜짝 놀란 제자들이 헌금의 내용과 그 사람에 대하여 궁금해 하는 것을 아시고 예수님은 한 과부가 드린 두 렙돈을 말씀하셨습니다.

두 렙돈이란, 당시 통용되던 화폐 중 가장 작은 단위로서 참새 두 마리 가격인 한 앗사리온(마 10:29)의 1/4 가치로 정말 보잘 것없는 금액입니다.

설교를 이끄는 관점

그날 헌금함에 헌금 드린 사람들 중에는 부자들이 많은 헌금 드렸다고 밝히고 있습니다. 그들은 금화나 은화를 드렸습니다. 한 과부가 드린 헌금과 비교될 수 없는 금액입니다. 예수님은 그들 모두를 보셨습니다.

그런데 어찌 예수님은 부자들의 헌금은 무시하시고 한 가난한 과부의 두 렙돈이 그날 드린 헌금 중 최고라고 칭찬하십니까?

누가 보아도 객관적이고 상식적이지 못한 말씀입니다.

부자들은 많은 헌금을 드렸습니다. 하지만 예수님은 그들에게는 관심이 없으시고 보잘것없는 두 렙돈 드린 과부를 칭찬하시면 부자들이 헌금할 마음이 생기겠습니까?

왜? 예수님은 보신대로 정직하게 말씀하시지 부자들의 헌금은 못 본척하시고 가난한 과부의 헌금만 말씀하십니까? 제자들이 두 렙돈 드린 과부의 이야기를 들었을 때 얼마나 황당했겠습니까?

예수님께서 이 과부의 헌금을 칭찬하신 이유가 무엇입니까?

하나님의 목적으로 해결

예수님은 헌금을 강요하시거나 억지로 헌금하도록 협박하신 적이 없으십니다. 헌금은 그렇게 해서도 안 됩니다. 예수님은 이 가난한 과부의 헌금을 보신 사건을 통하여 오늘 우리의 헌금도 예수님이 보시고 기억하고 계심을 잊지 않기를 원하십니다.

예수님은 하나님이십니다.
예수님의 눈은 우리의 겉모습과 속사정까지 모두를 감찰하십니다.

예수님의 눈에 비친 부자들의 헌금은 겉모습만 화려했을 뿐 그들의 신앙 내면은 예수님의 주목을 받을 수 없었습니다. 하지만 한 가난한 과부의 헌금은 사람들이 주목할 수 없을 만큼 초라하고 보잘것없었지만 예수님의 주목을 받기에는 겉모습도 신앙의 내면도 모두 충분했습니다. 예수님은 이 가난한 과부의 헌금 넣는 모습과 같이 우리도 이런 모습으로 예수님께 드려지기를 원하십니다.

1. 이 여인은 가난한 중에서 헌금에 동참했습니다.

어떤 상황에서도 헌금을 거르지 않는 신앙 중심을 보셨습니다. 가난하기 때문에 헌금하지 않아도 된다는 생각을 버려야 합니다. 가난할수록 헌금에 동참해야 이 여인처럼 예수님의 주목을 받습니다.

2. 이 여인은 자기 소유의 전부를 드렸습니다.

그것이 아무리 보잘것없는 것이라도 최선을 다하는 신앙 중심이 예수님이 보신 최고의 헌금이었습니다. 최고가 아니라 최선을 기뻐 받으셨습니다.

3. 이 여인은 예수님이 주시는 복을 누렸습니다.

예수님께서 이 여인의 헌신을 나타내신 것은 이 여인과 같은 자들이 복 받을 대상이기 때문입니다. 가난한 중에 최선을 다하여 자신의 전부를 드렸다는 사실을 아신 예수님께서 어찌 이 여인을 그대로 가난에 버려두시겠습니까?

예수님께서 이 여인을 주목하신 것은 복 주시기 위함입니다. 예수님이 주목하신 헌금은 반드시 복을 받습니다.

관점으로 청중 적용

사랑하는 여러분!

1. 예수님께서 내가 드리는 헌금을 보고 기억하십니다.
우리는 주님의 시선을 피할 수 없습니다.
어제도 보셨고 오늘도 보고 계시며 내일도 보십니다.

헌금에 대한 나의 생각을 점검해야 할 때입니다.
혹시 헌금 때문에 신앙생활이 부담스럽고 불편하지 않습니까?
 * "왜 꼭 돈을 드려야만 하는가? 마음만 드리면 되지!"라는 생각.
 * 적당히 형편껏 드리면 되지 꼭 정해진 대로 드려야 되나….
 * 가난하기 때문에, 드릴 수 있는 형편이 아니라서 드릴 수 없다는 생각들.

헌금 때문에 시험에 빠져있거나 상처 받은 사람이 적지 않습니다. 앞으로도 이런 시험은 계속될 것입니다.

2. 내가 드리는 헌금은 예수님께서 복을 주시는 근거입니다.
드리지 않으면 아무것도 받을 수 없습니다.
예수님은 복을 주시려고 우리의 헌금을 지켜보십니다.

1) 믿음으로 드려지는 모든 헌금은 예수님께서 주목하십니다.

돈만 드리는 헌금은 주님이 피하시는 헌금입니다.
헌금 안에 신앙고백을 함께 담아야 합니다.

2) 최선 다하는 헌금을 기억하십시다.
형식에 따라 마지못해서 드리는 헌금은 외면하십니다.
어떤 상황에서도 최선을 다할 때 예수님께서 감동하십니다.

3) 헌금은 복을 주시는 근거(통로)입니다.
 하나님은 내가 드린 헌금을 근거로 오늘과 내일에 복을 주십니다. 심은 대로 거두게 하십니다.

청중 결단

매 주일 감사를 회복합시다!
 어떤 형편이든지 감사를 잊지 않아야 더 큰 복으로 이끄십니다!
 적어도 많아도 감사를 잊지 말아야 주목하십니다.
 반드시 헌금은 복이 되어 돌아옵니다.
 보신 대로! 심은 대로 거두게 하시는 하나님이십니다(갈 6:7).

8
환난 날 _ 막 13:14~23

🌿 **본문 핵심 관점 | 멸망의 가증한 것**

우리는 말세라는 말을 자주 사용합니다. 이런 말을 사용하는 것은 요즈음 우리 주변에서 일어나는 일들이 심상치 않기 때문입니다.

오늘 본문에서도 말세 현상 중의 하나인 대환난에 대하여 말씀하고 있습니다.

19절 "이는 그 날들이 환난의 날이 되겠음이라 하나님께서 창조하신 시초부터 지금까지 이런 환난이 없었고 후에도 없으리라"

예수님은 창조 이래 가장 큰 환난이 있을 것이라 하셨습니다.
왜 이런 대환난이 일어나는 것입니까?
이 대환난을 대비하는 방법은 무엇입니까?

설교를 이끄는 관점

14절에 대환난의 징조를 말씀하셨습니다.
"멸망의 가증한 것이 서지 못할 곳에 선 것을 보거든"
이것이 대환란의 징조입니다.

여기서 말하는 "멸망의 가증한 것"은 무엇입니까?
또 이 "멸망의 가증한 것이 서지 못할 곳"의 의미는 무엇일까요? 어디에 서 있게 된다는 말입니까?

이 멸망의 가증한 것이 서지 못 할 곳에 설 때에 일어날 환난의 규모는 우리로서는 상상할 수 없을 만큼 대단합니다. 그런데 왜 이 멸망의 가증한 것에 대해서 직접적인 언급을 하지 않으십니까?

14-18절은 멸망의 가증한 것이 서지 못 할 곳에 설 때에 어떻게 행동해야 하는지를 말씀하신 것입니다.
① 산으로 도망하라.
② 지붕 위에 있는 자는 집에 있는 무엇을 가지러 내려오지 말라.
③ 밭에 있는 자는 겉옷을 가지러 뒤를 돌아보지 말라.
④ 그 날에는 아이 밴 자와 젖 먹이는 자들에게 화가 있으리라.

⑤ 이런 일이 겨울에 일어나지 않도록 기도하라.

한마디로 아무것도 할 수 없는 때가 온다는 말입니다.

도대체 이 멸망의 가증한 것이 무엇이기에 이런 대환난을 일으킨다는 말씀입니까?

하나님의 목적으로 해결

예수님께서 말씀하신 멸망의 가증한 것이 무엇인지 성경에 이미 나타나 있습니다. 예수님은 다니엘서에 예언된 말씀을 염두에 두고 하신 말씀입니다. 그래서 "읽는 자는 깨달을진저"라는 말씀이 삽입되어 있습니다.

다니엘서에 "예언된 멸망의 가증한 것"을 살펴봅시다.
 * 단 8:13 "성소와 백성이 내준 바 되며 짓밟힐 일…"
 * 단 9:27 "그가 그 이레의 절반에 제사와 예물을 금지할 것이며"
 * 단 11:31 "군대는 그의 편에 서서 성소 곧 견고한 곳을 더럽히며 매일 드리는 제사를 폐하며 멸망하게 하는 가증한 것을 세울 것이며"
 * 단 12:11 "매일 드리는 제사를 폐하며 멸망하게 할 가증한 것을 세울 때부터…"

이는 예루살렘 성전이 파괴되고 멸망의 가증한 것, 우상들이 세워져서 하나님의 성전을 모욕하게 될 때를 말씀하신 것입니다. 실제로 AD 70년 로마인들은 예루살렘을 점령하고 도시 대부분과 성전을 파괴했습니다. AD 73년 마사다가 함락될 때까지 오랜 시간 백성들은 로마인들의 포위 속에서 모든 제사와 행동이 규제된 끔찍한 환난을 겪어야 했습니다.

하지만 이 고난은 모두에게 동등한 고난이 아니었습니다.

1. 그 고난을 벗어날 기회가 있던 자들이 있었습니다(14-16).

2. 어린아이를 동반한 자와 임산부들은 이 환란이 다른 사람보다 몇 배나 힘든 시기였을 것입니다(17절).

3. 만일 이 환난이 겨울에 임하여 혹독한 기상악화로 인하여 길거리 통행이 불가능했다면 더 큰 고난으로 임했을 것입니다(18절).

4. 하나님은 이런 대환난 속에서도 여전히 택한 백성들을 향하여 은혜를 베풀고 계십니다.

20절 "만일 주께서 그 날들을 감하지 아니하셨더라면 모든 육체가 구원을 얻지 못할 것이거늘 자기가 택하신 자들을 위하여 그 날들을 감하셨느니라"

여기서 그 날들을 감하셨다는 말은 끔찍한 환난 중에도 피할 길을 주시며, 이겨낼 수 있는 능력을 주신다는 의미입니다.

관점으로 청중 적용

사랑하는 여러분!

1. 오늘 우리 주변에도 멸망의 가증한 것들이 환난의 때를 재촉하고 있습니다.
 이 멸망의 가증한 것의 정체가 22절에 나타나 있습니다.
 거짓 그리스도들과 거짓 선지자들입니다.
 거짓 그리스도란, 예수 그리스도를 사칭하는 사이비 교주들과 이단자들의 괴수를 말합니다. 이들은 자신이 예수 그리스도라고 말하며 하나님의 이름과 형상을 더럽히는 가증한 것들입니다.

 거짓 선지자란, 복음과 관계없이 자신의 사리사욕을 채우기 위해서 선지자 노릇을 행하는 자들입니다. 이들의 속셈은 돈과 쾌락을 취하는 것입니다. 이들의 가증한 행위가 하나님과 교회를 더럽혔습니다.

 이런 가증한 자들이 "이적과 기사"를 행하여 택하신 자들을 미혹합니다. 사탄의 계략은 눈에 보이고 몸으로 느껴지는 것들을 통하여 우리를 속이는 것입니다. 이것을 미혹 또는 유혹이라고 합니다. 우리는 이런 보이는 것들 때문에 멸망의 가증한 것들을 똑바로 분별하지 못하는 것이 문제입니다.

2. 지금은 믿음을 지켜야 할 때입니다.
 21절 "그 때에 어떤 사람이 너희에게 말하되 보라 그리스도가 여기 있다 보라 저기 있다 하여도 믿지 말라".

환난 때는 혼돈과 혼란 그리고 무질서가 계속됩니다. 여기저기서 목소리가 높은 자들이 앞서가는 것처럼 보이기도 합니다.

1) 믿음을 지켜야 환난의 때를 이길 수 있습니다.
예수님은 "적그리스도를 믿지 말라"고 하시면서 믿음을 지키라고 단호하게 말씀하셨습니다. 지금은 믿음의 끈을 단단히 묶고 환난의 때를 대비해야 할 때입니다.

2) 유혹을 이겨내십시오.
세상의 소리, 가까운 사람들의 속삭이는 말들을 분별해야 합니다. 눈에 보이는 것이 전부가 아닙니다. 사탄의 전략에 넘어가서는 안 됩니다. 유혹의 세력들을 단호하게 믿음으로 물리치십시오.

3) 예수님의 경고를 무시하면 큰일 납니다.
23절 "너희는 삼가라 내가 모든 일을 너희에게 미리 말하였노라"
이는 깨어 신앙을 지키고 환란의 때를 대비하라는 경고입니다.

청중 결단

적그리스도의 세력들은 단호하게 물리치십시오.
이들은 개인과 교회 그리고 세상의 환난을 가져오는 세력들입니다. 이들에게 무너진 자는 환난의 때를 피할 수 없습니다.

9
내 몸에 향유를 부어 _ 막 14:3~9

🌱 **본문 핵심 관점 | 향유**

예수님께서 베다니 시몬의 집에서 식사하실 때 한 여자가 매우 값진 향유 곧 순전한 나드 한 옥합을 가지고 와서 그 옥합을 깨뜨려 예수님의 머리에 부었습니다. 순간 시몬의 집은 난리가 났습니다.

4~5절 "어떤 사람들이 화를 내어 서로 말하되 어찌하여 이 향유를 허비하는가 이 향유를 삼백 데나리온 이상에 팔아 가난한 자들에게 줄 수 있었겠도다 하며 그 여자를 책망하는지라"

어떤 사람은 왜 향유를 허비했느냐고 소리치며 화를 냈습니다. 또 어떤 사람은 가난한 자에게 주면 될 것을 왜 향유를 바닥에 버려서 못쓰게 했느냐고 노골적으로 그 여인을 책망했습니다. 어떤 사람은 그 여인이 그곳에 깨뜨린 그 향수가 삼백 데나리온이나 된다면서 아까워 어쩔 줄 몰라했습니다.

설교를 이끄는 관점

하지만 예수님의 반응은 전혀 달랐습니다.

6절 "예수께서 이르시되 가만 두라 너희가 어찌하여 그를 괴롭게 하느냐 그가 내게 좋은 일을 하였느니라"

예수님은 그 여인을 더 이상 괴롭히지 말라고 말리시면서 그 여인이 예수님께 좋은 일을 했다고 오히려 칭찬하셨습니다. 정말 이 여인이 칭찬받을 만한 일을 한 것이 맞습니까?

* 이 여인이 쏟아버린 삼백 데나리온이란 돈은 당시 장정들의 일 년 품삯에 해당하는 큰돈입니다. 이런 큰돈을 예수님의 머리에 부어서 길바닥에 쏟아 버렸는데도 칭찬을 받아야 할 일입니까?

* 그곳에 있던 누군가의 말대로 그 옥합을 깨뜨리지 말고 그냥 예수님께 드려서 정말 궁핍하고 어려운 자들에게 나누어 주는 것이 더 낫지 않았을까요? 그랬다면 그곳에 모였던 많은 사람들이 그 여인의 헌신을 얼마나 칭찬했겠습니까?

* 모두가 아까워서 어쩔 줄 모르고 있는데 어째서 예수님만 잘했다고 하십니까? 아주 비싼 향수를 예수님의 머리에만 부어드려서 기분이 좋으셨을까요? 아니면 이 여인이 사람들에게 당하는 것이 불쌍해서 보호하시려고 그냥 하신 말씀일까요?

여러분도 이 여인이 칭찬받을 일을 했다고 생각합니까?

하나님의 목적으로 해결

예수님께서 이 여인의 헌신을 잘했다고 하신 것은 그 여인이 예수님의 몸에 향유를 부어 예수님의 장례를 준비했기 때문이라고 하셨습니다.

8절 "그는 힘을 다하여 내 몸에 향유를 부어 내 장례를 미리 준비 하였느니라"

우리는 이 여인이 누구인지 압니다(요 12:1~8). 그녀는 마리아였습니다. 마리아는 평소 예수님의 말씀을 귀담아듣던 여인입니다. 마리아는 예수님을 따르던 중 예수님께서 자신의 죽음을 세 번이나 예고하신 것을 들었습니다(막 8:31;막 9:31;막 10:33~34). 마리아는 이 말씀을 가슴에 새기고 있었습니다.
그러던 어느 날 예수님께서 자신의 집에 오셨을 때 이제 옥합을 깨뜨릴 마지막 기회가 왔다고 생각하여 예수님께 무슨 일이 일어나기 전에 자신이 평소 준비했던 일을 행동으로 옮겼습니다.

예수님이 이 여인을 칭찬하신 것은 삼백 데나리온이나 되는 향유를 드려서가 아닙니다. 이 여인이 평소 예수님의 죽음에 대한 이야기를 잊지 않고 기억했다가 일부러 향유를 부어 드린 것을 칭찬하신 것입니다.

예수님은 이 여인의 행동이 예수님의 죽으심을 기념할 만한 대단한 일이라고 의미를 부여하신 후 칭찬하시고 이 땅에 복음이 끝나는 날까지 모두에게 기억하게 하셨습니다.

1. 이 여인의 헌신은 예수님께 집중되었습니다.
향유의 가치나 사람의 시선은 아무런 문제가 되지 않았습니다. 만일 이런 것을 의식했다면 그녀는 아무것도 드리지 못했을 것입니다.

2. 이 여인은 기회를 놓치지 않았습니다.
예수님을 섬길 수 있는 기회가 왔을 때 놓치지 않았습니다.
그녀는 예수님을 섬길 수 있는 기회가 많지 않음을 알았습니다. 그녀는 오늘이 마지막이라는 신앙으로 예수님께 헌신했습니다.

3. 이 여인의 섬김은 즉흥적이거나 충동적이지 않았습니다.
평소 예수님 말씀을 들으며 쌓아둔 은혜의 결실이었습니다.
그녀는 행동하는 신앙인이었습니다. 그녀의 헌신은 예수님의 죽으심과 함께 영원히 기억되는 복을 받았습니다.

관점으로 청중 적용

사랑하는 여러분!

1. 여러분은 오늘 여인의 행동을 보면서 무슨 생각을 했습니까?

삼백 데나리온의 옥합이 부담스럽게 다가오지는 않았습니까?

혹시 나에게 이런 옥합을 깨뜨리라고 할까봐 겁을 먹지는 않았습니까? 나는 아무것도 없으니 이 여인의 이야기는 나와 상관없다고 일부러 외면하지는 않았습니까?

사람들은 누가 얼마나 드렸는가에 집중합니다.

그래서 누가 나보다 더 많이 드렸다면 시기하고, 덜 드렸다면 무시하고 교만하게 행동합니다. 우리 안에 이런 모습은 좀처럼 사라지지 않습니다.

평소 옥합에 대한 여러분의 생각은 어떠했습니까?

2. 이 여인은 옥합을 깨뜨린 것이 아닙니다.

예수님의 말씀을 놓치지 않고 반응한 것입니다.

예수님의 말씀을 듣고 신앙했습니다.

예수님이 원하시는 것을 알고 그분이 기뻐하시도록 행동했을 뿐입니다. 가장 중요한 것은 예수님께 헌신할 수 있는 기회를 놓치지 않은 것입니다.

1) 나는 평소 예수님의 말씀에 어떻게 반응합니까?

자주 듣는 말씀이기에 그냥 소홀히 넘기지는 않았습니까?
말씀에 대한 반응은 나의 신앙의 정도를 나타냅니다.

2) 살아있는 신앙은 반드시 말씀대로 반응합니다.
그것이 옥합이라도 주저 없이 깨뜨립니다.
은혜의 결과가 아니라면 달걀 한 개도 깨뜨릴 수 없습니다.

3) 예수님은 나를 위하여 옥합과는 비교도 할 수 없는 자신의 전부를 깨뜨렸습니다.
예수님은 나를 위하여 주저하거나 망설임 없이 자신을 깨뜨렸습니다.

청중 결단

오늘 내가 깨뜨릴 수 있는 옥합은 무엇입니까?
* 말씀을 듣는 귀를 열어주소서.
* 예수님이 원하시는 것이 무엇인지 깨닫게 하소서.
* 나도 예수님을 위하여 옥합을 깨뜨릴 수 있는 신앙으로 살게 하소서.
* 오늘 나의 옥합을 드립니다.

10
이것으로 끝이다 _ 막 15:33~41

🌿 **본문 핵심 관점 |** 성소의 휘장이 찢어지다

죽음으로 내몰리는 참혹한 십자가 위에서 온몸은 마지막 피 한 방울까지 쏟아내려고 뼈를 쥐어짜내고 있었습니다. 그리고 예수님의 마지막 외마디의 절규가 귓전을 찔렀습니다.

34절 "제구시에 예수께서 크게 소리지르시되 엘리 엘리 라마 사박다니 하시니 이를 번역하면 나의 하나님, 나의 하나님 어찌하여 나를 버리셨나이까 하는 뜻이라"

마침내 피로 범벅이 된 예수님의 몸이 십자가 위에 힘없이 늘어졌습니다.

설교를 이끄는 관점

　그 순간 깜짝 놀랄만한 일이 터졌습니다. 성소를 돌보던 자들이 놀라서 성소 밖으로 뛰어나오면서 성소의 휘장이 찢어졌다고 외쳤습니다. 갑자기 멀쩡하던 성소의 휘장이 왜 찢어졌단 말입니까? 예수님이 운명하시는 순간 성소의 휘장이 찢어지다니! 예수님의 죽음과 성소의 휘장이 무슨 연관이라도 있단 말입니까?

　여기서 말하는 성소의 휘장이란, 성소와 지성소를 구별하는 특별한 커튼입니다. 이 성소의 휘장이 찢어지는 것은 당시 사람들의 생각으로는 재앙이 임한 것입니다. 일 년에 딱 한 번 대제사장이 백성들 전체의 죄를 속함 받기 위해서 아주 특별한 방법으로 성소의 휘장을 넘어갔습니다. 그 외는 어느 누구도 휘장을 만질 수 없었습니다. 그런 휘장이 찢어진 것은 분명히 하나님의 진노와 재앙이 임한 것입니다. 그래서 이 믿을 수 없는 사실을 모두에게 외치며 재앙을 대비하라고 한 것입니다.

　성소의 휘장은 쉽게 찢을 수 없습니다.
　휘장의 두께는 20~30cm정도 되었다고 합니다. 실을 한 올씩 꼬아서 만들었기에 예리한 칼로도 쉽게 찢기지 않았으며, 당시 황소 두 마리가 양쪽에서 당겨도 찢을 수 없었다고 합니다.

　이런 이야기가 전해졌습니다.
　예수님의 죽음과 함께 성소의 휘장이 찢어지자 당시 300여 명의 제사장들이 놀라서 다시 휘장을 꿰맸으나 휘장이 찢어졌다고 합니다.
이런 휘장이 어찌 이렇게 쉽게 찢어졌단 말입니까?

하나님의 목적으로 해결

이 휘장은 아무도 찢을 수 없습니다.
그래서 하나님이 직접 찢으셨습니다!
예수님의 죽으심으로 하나님과 우리의 새로운 관계가 열렸음을 알리시기 위함입니다.

지금까지는 성소의 휘장을 두고 만났던 하나님을 성소의 휘장이 찢어진 이 순간부터 예수님을 중심으로 누구나, 어디서나 만나 주신다는 하나님의 새로운 약속 선언이며, 이제는 예수님을 통해서만 우리를 만나시겠다는 새로운 약속 선포입니다.

1. 예수님의 몸이 찢기셨기에 성소의 휘장이 찢어졌습니다.
예수님의 몸으로 성소의 휘장을 찢으셨습니다. 하나님과 우리 사이에 가로막힌 장벽을 육체의 죽으심으로 허물고 하나님과 우리를 화목하게 하셨습니다. 성소의 휘장이 찢긴 것은 하나님과 우리가 화해되었다는 증거입니다.

2. 성소의 휘장이 찢김으로 새로운 만남이 시작되었습니다.
아주 오랫동안 하나님과 불편한 만남이 지속되었습니다. 휘장 사이로 제사장들을 통하여 간접적으로 만나야 했습니다. 예수님의 죽으심으로 성소의 휘장이 찢어진 것은 이런 불편한 만남이 청산되었다는 하나님의 선포입니다. 성소의 휘장이 찢김으로 얼굴과 얼굴을 맞대는 새로운 만남이 성사되었습니다.

3. 예수님은 우리가 하나님을 만나는 유일한 방법입니다.

예수님의 죽으심으로 성소의 휘장이 찢긴 것은 이제부터 예수님을 통해서만 우리를 만나시겠다는 선언입니다. 이제 다시 성소의 휘장은 없습니다. 오직 예수님 외에는 하나님을 만나는 길이 없습니다.

예수님은 하나님을 만나는 유일한 방법입니다. 하나님은 예수님을 통하지 않고는 그 누구도 만나주시지 않습니다.

관점으로 청중 적용

사랑하는 여러분!

1. 성소의 휘장은 오직 예수님만이 찢어주셨습니다.

예수님께서 성소의 휘장을 찢어주시지 않았다면 오늘 이 자리에 우리는 없습니다.

예수님께서 하나님께로 나아가는 길이 되어 주셨습니다.

하나님은 예수님 없이는 그 어느 누구도 만나 주시지 않습니다!

지금 우리 주변에는 예수님이 찢어주신 휘장을 다시 세우려는 자들이 있습니다.

이는 하나님과 우리 사이를 가로막는 세력들입니다.

적그리스도들과 거짓 선지자들이 하나님과 우리를 갈라놓고 있습니다.

이들은 하나님과 우리 사이를 원수로 만드는 자들입니다.

이들은 우리를 멸망과 진노의 길로 내모는 자들입니다.

이들은 하나님과 우리 사이에 죄악의 휘장을 세우는 자들입니다.

2. 예수님 외에 모두가 거짓입니다!

* 행 4:12 "다른 이로써는 구원을 받을 수 없나니 천하사람 중에 구원을 받을 만한 다른 이름을 우리에게 주신 일이 없음이라 하였더라"

* 행 16:31 "주 예수를 믿으라. 그리하면 너와 네 집이 구원을 받으리라"

* 요 14:6 "예수께서 이르시되 내가 곧 길이요 진리요 생명이니 나로 말미암지 않고는 아버지께로 올 자가 없느니라"

1) 예수님 외에는 구원이 없음을 확신하십시오.

예수님 외에는 모두가 적그리스도이며 거짓 선지자들입니다.

예수가 아니면 멸망과 진노에서 구원 얻을 길이 없습니다.

2) 이단과 거짓 선지자들을 물리치십시오.

이단은 사탄의 세력입니다. 거짓의 세력입니다.
이들에게는 구원도 없고, 영생도 없고, 오직 멸망의 길 뿐입니다.
주변에 너무 많은 이단들이 설치고 있습니다.
양의 탈을 쓴 이리들이 거리마다 넘쳐나고 있습니다.
예수님의 붙잡고 이들을 물리쳐야 합니다.

3) 예수님은 하나님과 하나 되는 유일한 길입니다.
하나님은 예수님 안에서 우리와 함께하십니다.
예수님만이 유일한 통로입니다.

청중 결단

* 예수님만 붙들고 살게 하소서!
* 거짓과 이단들을 구별하는 능력을 주옵소서!
* 더 열심히 하나님을 만나게 하소서!

11
복음을 전파하라 _ 막 16:14~18

🌿 **본문 핵심 관점 | 꾸짖다**

예수님의 십자가 죽으심을 목격한 제자들은 각기 다른 삶을 찾아서 흩어졌습니다. 그리고 예수님의 부활에 대한 소식이 들리자 하나둘 다시 모이기 시작했습니다.

14절 "그 후에 열한 제자가 음식 먹을 때에…"

아마도 예수님의 부활 이야기를 하려고 모여서 식사를 한 것 같습니다. 이때 예수님께서 나타나셔서 그들을 꾸짖으셨습니다. 갑자기 나타나서 자신들을 꾸짖으시는 예수님을 제자들은 어떻게 받아들였겠습니까?

제자들이 무슨 짓을 했기에 이들을 꾸짖으신 것일까요?

설교를 이끄는 관점

지금 제자들은 혼란에 빠져 있습니다.
자신들의 눈으로 예수님의 죽으심을 분명히 확인했는데 예수님께서 살아계시다니 혼란스러운 것은 당연합니다.

이런 제자들의 상태를 아신다면 꾸짖지 말아야 합니다.
이들을 꾸짖기보다는 이들이 예수님의 부활을 확실하게 받아들일 수 있도록 도와주셔야 합니다. 갑자기 나타나셔서 근심 중에 있던 제자들을 꾸짖으시면 이들이 얼마나 놀라겠습니까?

열 한 명의 제자들이 다시 모여 있는 것을 보면 이들도 예수님의 부활에 대하여 긍정적이고 적극적인 태도를 가진 것이 분명합니다. 그렇다면 이들을 꾸짖지 말아야 합니다. 오히려 격려와 칭찬이 필요합니다.

왜 이들을 꾸짖으셨습니까?
제자들의 모습이 꾸짖음 받아야 할 이유라도 있습니까?

하나님의 목적으로 해결

예수님께서 제자들을 꾸짖으신 이유가 분명하게 나타나 있습니다(14절).
* 믿음이 없는 것.

* 마음이 완악한 것.
* 예수님의 부활을 증거하는 이들의 말을 믿지 아니한 것 때문입니다.

왜 제자들의 이런 모습이 꾸짖음의 이유입니까?
이런 제자들의 모습이 복음전파 운동을 방해하기 때문에 책망하셨습니다.

15절 "또 이르시되 너희는 온 천하에 다니며 만민에게 복음을 전파하라"

* 복음이 무엇입니까?
예수님께서 이 땅에 오셔서 우리의 죄를 사해주시려고 십자가에서 죽으시고 부활하셨기에 예수님을 믿고 구원을 얻으라고 선포하는 것입니다(행 16:31).

지금 제자들은 이 복음을 믿지 못하고 있기에 책망하셨고, 믿음을 가지라고 꾸짖으셔서 복음 전파 운동에 참여하게 하시려는 것입니다.

1. 온 천하에 있는 만민들이 복음을 들어야 할 대상입니다(15절).

복음을 들어야 할 대상자는 지구촌에 거하는 모든 족속들입니다. 복음 전파 대상자에서 제외된 백성은 한 사람도 없습니다.

2. 복음 전파 운동은 세례 운동입니다(16절).

복음 전파 결과 세례를 주어야 합니다. 세례란, 복음을 듣고 예수님을 믿고 영접하여 구원받은 확신과 증거를 가지는 것입니다. 복음 전파의 결과로 열매, 결실을 거두어야 합니다.

3. 믿고 복음을 전파하는 곳에는 표적이 나타납니다(17-18절).

복음 전파 현장에 나타는 표적은 복음을 받아들이도록 성령님께서 도와주시는 역사입니다.

성령님은 전도자들의 복음 전파 현장에 오셔서
* 악한 영들이 제어되고
* 새 방언을 말하며
* 모든 위험요소들이 제거되며
* 치유역사가 일어나게 하십니다.

관점으로 청중 적용

사랑하는 여러분!

1. 지금 예수님께서 꾸짖어야 할 사람들이 있습니다.
* 복음을 받아들이지 않는 사람들입니다.
제자들처럼 믿지 못하고, 완악하며,
예수님에 대한 증거들을 믿지 않는 자들입니다.

* 지금 내 신앙의 모습을 점검해야 합니다.
불신자를 향한 꾸짖음이 아닙니다.
보고 들었음에도 믿지 못하는 우리를 향한 꾸짖음입니다.

* 나는 믿음이 있습니까?
나는 살아있는 믿음으로 복음에 반응합니까?

2. 복음을 전파하지 않는 것은 꾸짖음의 대상입니다.
예수님께서 나를 살리신 것은 나를 통하여 복음을 전파하려는 계획 때문입니다.

1) 나는 전도자입니다.
내가 예수님을 믿고 영접한 순간부터 전도자의 사명이 임했습니다. 이 사명을 기피하는 자는 모두 꾸짖음의 대상입니다.

2) 결실할 때까지 포기하지 마십시오.
복음운동의 결과는 세례를 주시는 것입니다.
한 영혼이 세례에 동참하여 구원 얻을 때까지 포기하면 안 됩니다.

3) 예수님은 복음전파 현장을 지원하십니다.
필요하면 그 어떤 이적과 기적도 나타내십니다.
복음 전파 현장에 있는 자들만이 성령님의 특별한 지원을 받습니다.

청중 결단

다시 복음 운동을 일으킵시다!
나와 교회가 책망의 대상이 되지 않도록 합시다!